31

FOTO**TORST**

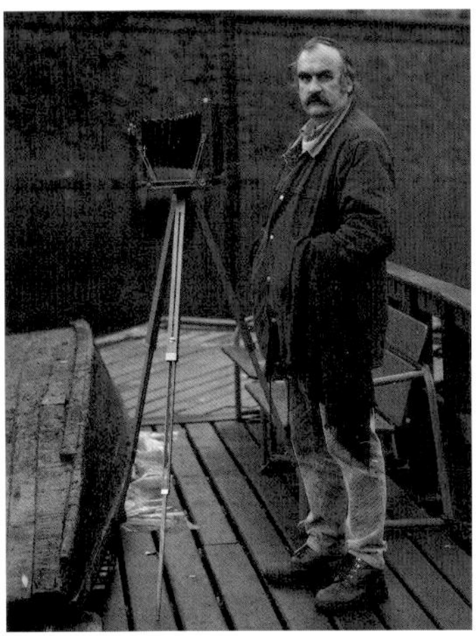

PETR TŘEŠŇÁK

Jan **Reich**

TORST

ISBN 978-80-7215-359-6

To say that photography goes against the flow of time is probably the most banal thing one can say about it. The ability to stop the flow, to extract frozen split-seconds from our lives and preserve them for later use – whether to recollect, to document, or to be emotionally moved – is the thing that has drawn countless enthusiasts to photography. Occasionally they are nostalgic people, who love the world that is about to be no more. That is true of Jan Reich (b. 1942), a Prague photographer whom one could call a master of traveling against the flow of time. Of all his important Czech contemporaries he works with the oldest equipment. While the field of photography is being rocked by the digital revolution, he sticks to the black-and-white large-format negative. In his old age he has got himself an even larger camera, even less compact, even less practical. In the era of ambiguity he is inspired by tradition, particularly by the work of Josef Sudek (1896–1976). He reveres the classic, concrete conception of the visual-arts genres – the landscape, the still life, the portrait. He is conservative; he likes old furniture, old architecture, old landscapes. And that is what he photographs.

The most archaic of Czech photographers, he is a man of the past, who waits calmly till today's audience has had enough of the excesses of Postmodernism and again acquires a taste for good old-fashioned, honest craftsmanship. He is man who patiently puts up with the fact that the public's favor is fleeting, and when it becomes sated with his honest art, it will toss it away for something new. Such thoughts may have occurred to one when Reich received the 2006 Magnesia Litera "Book of the Year" Prize for *Bohemia*. For ten years he intensively charted old Bohemian architecture in the countryside, and this financially costly volume was published by his wife, Jana, in her own publishing house. And the great uncertainty about whether that expended energy would somehow be rewarded at all, was eventually, miraculously, dispelled. The book was praised by the critics, and is selling well, and the loans are being paid back.

The success of the book fully revived the Reich legend, which has accompanied him since the 1970s when he began to photograph vanishing nooks of Prague. It is Reich, the last honest photographer, who, in full battle gear and alone, has gone the farthest against the flow of time, and with the help of his manual tool has, for his impatient contemporaries, mined some of the old values lying underneath the sediment of the ages. This somewhat old-fashioned man with the artilleryman's moustache has best and, for our purposes, most comprehensibly conquered time. If he ends up forgotten tomorrow, it will only be on account of his style seeming, after all, too antiquated for our sensibilities.

* * *

In the presence of Reich's work it takes a moment before one begins to sense that everything might not be quite what it seems. The viewer has to return to his work, open up, listen, and not to hurry. One has to act like Reich himself when he requests the landscape for a good photograph. And then, suddenly, the simple awareness dawns on one – as when the shutter release clicks.

Time plays no role here. Time in photography is the child of viewpoints and impressions, the spinning roulette wheel of possibilities in which we are unable to keep our eye on the ball. The capturing of moments, the catching of what is vanishing, the immortalization of the living before it turns into dust – Reich has tried all these paths and has in a certain sense remained romantically true to them all. But none of them, least of all the idea of its being old fashioned or archaic, characterizes his art.

In its entirety and left to its natural tempo Reich's photography suddenly reveals what it really is: not a record of what is flowing, but a superb statement about reality, a mature and responsible statement. It is not a bet on a number on the roulette wheel of time, but the touch of a hand that once, a long time ago, turned that wheel. And Reich, despite sometimes being called one, is not a photographer of vanishing time. He is a photographer of enduring meaning.

* * *

Had it not been for the Second World War and the Communist takeover of Czechoslovakia in 1948, Reich might have grown up pampered. His grandfather, Emil Reich, was an important builder in interwar Czechoslovakia, to whom the Bohemian Lands owe a debt of gratitude, for instance, for the building of the Ministry of Agriculture, Prague, and the Vranov Dam, south Moravia. Shortly after the Communist takeover the family's property was nationalized. Reich's father, considered a bourgeois enemy of the regime, was forced to work in the woods in the borderlands in the 1950s, and his wife and children thus moved back and forth between their apartment in Prague and the no-man's land from which the ethnic Germans had been expelled.

For a small boy that was a kind of paradise. He crawled through abandoned, plundered, and neglected houses of Sudeten Germans, and found things they had left behind in their attics. Later, he and his friends made amateur films there using a handheld camera. But in spite of all the adventure and mystery he felt dejected there – the land excited his imagination, but at the same time it was too fraught with pain and ruin. He began to photograph landscapes there, but never did it systematically, which is an interesting statement on his inner creative ethos. Emptied landscapes, abandoned remains of civilization, and traces of those who left – all of that would have suited the creative repertoire of Reich the photographer just like, say, the dilapidated outskirts of Prague. Once an adult, however, he sold his cottage in the borderlands and rarely ever traveled there anymore to take photographs. For Reich, the romance of vanishing is not a personal fetish, a melancholic projection, or even a creative trick. The state of being abandoned interests him only if it is based on continuity, if it is evidence of what lasts, only when the gnawing of time does not destroy the essence and, on the contrary, lets the strength, grandeur, and vitality of the original values excel. That could not be said of north Bohemia.

* * *

The Communist regime, which sent Reich's father to the borderlands, did not of course overlook the young Jan Reich either in the 1950s. "I wanted to attend grammar school, but had such a bad background report that they told me I could only go and be a boiler-maker," recalls Reich. "I began quietly to envy those who could at least learn how to become lathe operators." Eventually, however, he was accepted to a grammar school in Teplice. His attempts to get into university a few years later ended with the same cold shower as his application to grammar school in Prague – as a bourgeois class enemy of the regime they first sent the young Reich to work. He did various jobs as a manual laborer, and was accepted at the film school only several years later.

* * *

Both sets – and actually all of Reich's later photographs – are linked by the clear aim of capturing what is valuable around us, what lasts: the harmony of nature, the sensible arrangement of the land, man's sensitive involvement in it, the solidity of the ancient walls of village houses, the elegance of the old architecture, which elevates the soul, provides beauty, and seeks to achieve eternity. Qualities like that cannot be extracted from the land by force or quickly, and Reich was learning to be patient, calm, and focused. From the old-timers of Sedlčany he sought advice about the places with the best views, and learnt that it was there that Czechs of days gone by had built Stations of the Cross and little wayside shrines. Wandering through the land had a spiritual dimension. He did not discover new paths to reality; he only patiently cleared the debris from the old, forgotten paths. He returned to the same places, photographed with restraint and undramatically, as if in contemplation. And the spirit of the land gradually began to trust him and whisper its secrets to him.

The agitation and tension of Reich's Sedlčany photos stem from the slight contradiction they conceal within. Like many other photographers Reich likes weather that tends to be damp, melancholic, even inclement, a personal link with the land, but his photos are saturated with a welcoming intimacy, an inner calm. "Once, much later, I had an exhibition in Pisa, Italy, and there was a lively discussion going on at the university," Reich says with a smile. "One gentleman asked me: 'Why are there clouds like that in all the photographs, and darkness and rain?' I took a breath, about to reply, when one of the professors stepped in and said: 'Wait! I'll explain it to you. This gentleman is an artist from north of the Alps. Think of Rembrandt, Goyen, Bruegel. In Italy the weather is always nice, but in their country they have all four seasons, clouds, storms, rain. Mud and slush – that is their natural milieu.' I told myself there was probably some truth in that."

* * *

When looking at the Prague and Sedlčany photographs, which are filled with an almost Zen-like calm, one thinks of the other Reich for a moment – the one who traveled around with the circus and defected to Paris, the vagabond of the

Sixties. Where did he vanish to? How could he put up with being grounded, living in a cottage in the countryside?

"I remember a moment sometime in the mid-Eighties. I was alone with the children at home, making dinner," Reich says. "Suddenly I recalled my old friend Josef Koudelka. While he was traveling round the world, photographing for Magnum and publishing books, I was stuck here. I felt dreadful, completely miserable at the thought." It would probably not be so easy for Reich to tell others that recollection if he had not long ago come to terms with the pain of having had his wings clipped, and if he were not now able to say with certainty: "I understood that you didn't have to travel to the ends of the earth. What's important is relations with other people, and you can ultimately make good photos even at home by the stove."

It is fascinating to observe how Reich's being forced by fate to settle down was changed into a good quality in his photographs, how the thoroughness and introspection, the art of staying put when the wind blows and of fully appreciating lasting values increased, and how photographs of Reich's children, like a poetic, sometimes even moving, compensation, appear in his work. In the *House in the Country* series they are a lightening, even airy element. In the stage set of the big house with the rough floors and with the stony ground outside, the photographs of his children embody the rightness of Reich's endeavor to revive old values – the land and the house are a place in which the maturation of his emotions took place, a milieu imprinted in the soul. For the soul of his family Reich came up with the best he could: a beautiful place, surrounded by trees, in an age of tasteless Formica tabletops and the prefab dwellings of the "Husák era," the twenty years from the end of the Prague Spring to the collapse of the Communist regime. The naturalness of the milieu, the faces, the land, and the inner feeling of it all making sense are the things Reich gained in return for losing his outer freedom.

* * *

After the Velvet Revolution, in November and December 1989, things changed for Reich. The black-and-white *Prague* series became a bestseller, books of his photographs were published, and he began to have many exhibitions of his work. At the same time, however, there was an explosion of advertising and photojournalism, and the public was also suddenly exposed to art from all over the world to an extent it had never been before. Consequently, Reich's traditional photographic style was becoming less and less in demand for ordinary commercial purposes.

And then came *Bohemia*. While pondering what to photograph next, Reich recalled an old promise to himself from the days when he used to travel around the country on assignment to photograph old architecture for postcards. During those jobs he often used to tell himself that he would one day return and take the photographs properly, in his own way. In the mid-Nineties the time seemed right for him. He got himself a large map of the Bohemian Lands and gradually stuck it full of hundreds of colored pins.

It took Reich ten years to chart out the important places of the Bohemian landscape. Every spare moment, weather permitting, he set out with a field camera, returning to many places for a second or even a third time. He was interested in the way the manor houses, castles, churches, and little chapels have grown into the landscape like ancient seamless connections between man and nature, as if he were trying to justify the idea that the man-made and the natural could coexist in peace and harmony. This time too there are intentionally no attributes of the present – no concrete, no cars, no people. Reich has distilled the essence of the original land.

His works, however, are no idealization of the good old days or closing one's eyes to the unpleasant truths of today. *Bohemia* is a monumental work because it talks about the present, showing its deeper levels nourished by the underground tributaries of ancient values. In this work Reich, mature and certain, declares that the spiritual sources of this land have not run dry, they have the ability to speak, even though society has little desire to listen, and that underneath the current map on which new highways, supersized concrete warehouses, and colonies of catalog houses appear daily there is another map, whose natural center, roads, and contour lines have a far stronger potential energy than might seem at first glance.

In the context of the Czech search for identity after the Changes that began in mid-November 1989 the word "tradition" is often misused as a pretext to justify inflexibility, holding on to power, or nationalism. With his *Bohemia*, Reich rehabilitates the word, giving it back its pure sense.

* * *

"Do you really want to take a look?" Reich would like to know when asked what he's working on today. In the attic of his house in the Prague street called Nový svět, where he lives with his wife Jana, who prepares his exhibitions and books with him, he is going through several boxes, and takes out some photos. A small surprise: some eerie, even at times abstract still lifes, full of contrasts of light, from which dark shapes emerge like phantoms – almost like silhouettes of figures. Sometimes they tower in the foreground. Other times, from the background, they peek out into our lives. Reich points to them, and begins to talk about his ancestors. Family history has attracted him in recent years: he's been compiling written records, photographs, and recollections. He made similarly ghostly photos like these contemporary still lifes when he was just starting out in photography. They also contain mystery, indeterminateness, tension, and a hint of other meanings. Perhaps he will go full circle and return to his youth. "They are old windows I found in the attic," he says, explaining the origin of the objects in the photographs, and then pauses to think for a moment. "There is something higher. It's quite unclear. It's around us, and can have these forms."

Or maybe instead of returning he will move ahead somewhere in his conception of photography. Reich's main creative method has always been to put aside the unessential. Abstraction, simplicity, searching for foundations. The soul of the countryside and the town thus acquires its real form, its true place, and a chance to cut loose and express itself. Perhaps now the land has asked him to set aside its external features and to try and glimpse the mystery concealed in it.

First he waited for the cars to drive away. Then, he waited for the people to leave and the wind to blow away the litter. And then he closed his eyes.

Že fotografie jde proti proudu času, je asi to nejbanálnější, co o ní můžeme říci. Právě schopnost zastavit plynutí, vytrhat z našich životů zmrazené zlomky vteřin a uschovat je pro pozdější použití – ať už k účelu vzpomínání, dokumentace nebo třeba dojímání – je tím, co k fotografii přitáhlo zástupy vyznavačů. Občas bývají nostalgičtí, mívají rádi svět, který už brzy nebude, který právě mizí. Tak jako Jan Reich. Pražský fotograf, který by mohl být nazván mistrem v cestování proti proudu času. Ze všech svých významných českých současníků pracuje s nejstarobylejší technikou. Zatímco oborem zmítá digitální revoluce, on se drží černobílé filmové emulze a velkoformátového negativu. K stáru si pořizuje přístroje ještě větší, ještě neskladnější, ještě nepraktičtější. V éře mnohoznačnosti se inspiruje tradicí a zejména dílem Josefa Sudka, ctí konkrétnost, klasické pojetí žánrů – krajiny, zátiší a portrétu. Je konzervativní, má rád starý nábytek, starou architekturu, starou krajinu. A ty také fotografuje.

Nejarchaičtější z českých fotografů. Muž minulosti, který v klidu čeká, až se dnešní divák dostatečně přejí výstřelků postmoderny a dostane zase chuť na staré poctivé řemeslo. Muž, který trpělivě snáší, že přelétavá přízeň publika se jeho poctivého umění brzy nasytí a hodí jej znovu za hlavu ve jménu něčeho čerstvějšího. Takové myšlenky mohly člověka napadnout v roce 2006, když Jan Reich dostal za svou obrazovou publikaci *Bohemia* cenu Kniha roku v soutěži Magnesia Litera. Deset let intenzivně mapoval starou českou architekturu v kontextu krajiny, finančně nákladnou publikaci vydala jeho žena Jana ve vlastním vydavatelství. A velká nejistota, jestli se spousta vynaložené energie vůbec nějak vrátí, se nakonec zázračně přetavila v happyend. Kniha byla oceněna kritikou, dobře se prodává a úvěry jsou splacené.

Nad úspěchem knihy v plné síle ožil reichovský mýtus, který tohoto umělce provází už od sedmdesátých let, kdy začal fotografovat mizející kouty Prahy. Je to on, poslední poctivý, kdo v plné polní a sám došel proti proudu času nejdál a s pomocí jednoduchého ručního nářadí vydoloval pro své netrpělivé současníky kus starých hodnot, jež ležely překryté nánosy věků. Je to on, ten trochu staromódní muž s dělostřeleckým knírem, kdo nejlépe a pro naše potřeby nejsrozumitelněji přemohl čas. Bude-li náhodou zítra zapomenut, pak jen proto, že jeho styl se našim smyslům jeví přece jen příliš zastaralý.

* * *

Chvíli trvá, než člověk ve společnosti Reichova díla začne tušit, že to všechno může být ještě trochu jinak. Je třeba se k němu vracet, otevírat se, naslouchat a nespěchat, chovat se jako fotograf sám, když žádá krajinu o dobrý snímek. A pak najednou přijde jednoduché poznání – jako když cvakne spoušť.

Žádný čas tady nehraje roli. Čas ve fotografii je dítětem hledisek a dojmů, roztočenou ruletou možností, v níž nestačíme pořádně sledovat kuličku. Lapání okamžiků, zachytávání mizejícího, zvěčňování živého dřív, než se promění v prach – všechny tyhle cesty si Jan Reich vyzkoušel a všem zůstal v jistém smyslu romanticky věrný. Ale žádná z nich jeho umění necharakterizuje. A už vůbec jej necharakterizuje staromódnost nebo archaičnost.

V celistvosti a ponechaná svému přirozenému tempu náhle Reichova fotografie odhaluje, čím je doopravdy: nikoli záznamem plynoucího, ale svrchovaným prohlášením o skutečnosti. Zralým a zodpovědným tvrzením. Není sázkou v ruletě času, ale dotykem ruky, která kdysi dávno ruletu roztočila. A Jan Reich není fotografem mizejícího času, jak bývá občas nazýván. Je fotografem trvajícího smyslu.

* * *

Nebýt války a února 1948, mohl vyrůstat jako v bavlnce. Jeho dědeček byl významný prvorepublikový stavitel, jemuž Čechy vděčí mimo jiné za budovu ministerstva zemědělství nebo vranovskou přehradu. Po komunistickém převratu v roce 1948 přišla rodina o majetek. Reichův otec jako buržoazní nepřítel režimu byl nucen pracovat v lese v Sudetech a rodina s dětmi tak v padesátých letech putovala sem a tam mezi pražským bytem a vysídlenou zemí nikoho.

Pro malého kluka to byl svým způsobem ráj. Prolézal opuštěné, rabované a pomalu chátrající domy po sudetských Němcích a na jejich půdách nacházel předměty připomínající vyhnané majitele. Později tu s kamarády na ruční kameru natáčel amatérské filmy. Ale navzdory všem dobrodružstvím a tajemství cítil v Sudetech tíseň – jitřily fantazii, ale současně byly příliš nasáklé bolestí a zmarem. Fotografovat krajinu začal tady, ale nikdy později to nedělal soustavně, což můžeme číst jako zajímavou zprávu o jeho vnitřní tvůrčí etice. Vyprázdněné krajinné celky, opuštěné zbytky civilizace a stopy po odešlých – to všechno by se přece do tvůrčího pole fotografa Reicha hodilo stejně jako třeba chátrající pražské periferie. Ale on v dospělosti chalupu v Sudetech prodal a fotografovat sem jezdil minimálně. Pro Reicha totiž romantika mizejícího neznamená osobní fetiš, melancholickou projekci ani tvůrčí fígl, opuštěnost jej zajímá jen tehdy, je-li opřená o kontinuitu, je-li důkazem trvalosti. Jen tehdy, když hlodání času nepodmáčí podstatu a naopak dává vyniknout síle, vznešenosti a životaschopnosti původních hodnot. To na severu Čech neplatilo.

* * *

Pozornosti komunistického režimu, který vyhnal jeho otce do Sudet, samozřejmě v padesátých letech neunikl ani dospívající Jan Reich. „Chtěl jsem jít studovat gympl, ale měl jsem tak strašnej posudek, že mi řekli, že můžu jít dělat jedině kotláře," vzpomíná dnes fotograf. „Začal jsem tiše závidět těm, kteří mohli jít alespoň na soustružníka." Nakonec však byl přijat na gymnázium v Teplicích. Pokusy dostat se na vysokou školu o pár let později končily podobnou studenou sprchou jako přihláška na pražskou střední školu – coby buržoazního nepřítele režimu poslali mladého studenta nejdříve do výroby. Střídal dělnické profese a na filmovou akademii byl přijat až o několik let později.

„Mezitím jsem potkal cirkus, to bylo kouzelný období mýho života," vzpomíná Reich. Dvě sezóny kočoval po Slovensku a Moravě, stavěl manéž, staral se o zvířata, při představení dělal uvaděče. „Pracoval jsem na stavbě šapitó a šéfoval jsem partě cikánů. Oni mě neposlouchali, protože jsou to cikáni a ti nikoho neposlouchaj," směje se. „Kradli maso medvědům a dělali si z něj biftečky. A když byla výplata, ožrali se, nepřišli do práce a pak několik dní hledali cirkus po okolních vesnicích. Mě to nevadilo. Jak na ně všichni nadávaj, já na ně vzpomínám v dobrým."

Toulání s cirkusem mu poskytlo příležitost k prvnímu vážnému tvůrčímu cyklu. Fotografoval už od patnácti a opakovaně se zkoušel dostat na FAMU. V 60. letech se ve světové i české fotografii prosazoval černobílý romantizující dokument, reportéři hledali témata, která voněla autenticitou a živelností, takže cirkusáci si přímo říkali o záznam. Jan Reich je fotografoval jinak než tehdy pracovala většina dokumentaristů, nedělal momentky, spíše důvěrné portréty v prostředí. Oči artistů a krotitelů zvěře na nich prozrazují blízkost a osobní vztah s fotografem, forma je klidná a nedynamická, jako by si už nevědomě říkala o větší formát negativu.

To, co jeho rané dokumentární cykly spojuje s dílem pozdějšího vyzrálého umělce, je vyrovnaná důvěra ve svět kolem sebe – v tom smyslu, že realitu není třeba zaznamenávat bůhvíjak originálně, ohýbat ji přes koleno, dramatizovat, vypichovat souvislosti nebo významy ukryté v pozadí. Postačí k ní přistupovat klidně a zpříma a spolehnout se, že to podstatné se vyloupne samo.

* * *

Srpen 1968 znamenal pro fotografa trauma stejně jako pro celou jeho generaci. Období svobodného nadechnutí skončilo a s ním i desítky časopisů, pro něž Jan Reich fotografoval. Normalizace utahovala šrouby, prověrky, čistky a cenzura postupně srovnaly pestré mediální prostředí se zemí a společnost ovládla dusivá apatie. „Sedmdesátý léta byly strašidelný, panovala absolutní nehybnost. Chodilo se do hospody, pilo se o závod, nebylo co dělat," říká Reich. Zní to málem kacířsky, ale když se člověk podívá na jeho dílo z dnešního odstupu, napadne ho, že zdrcující rána na něj měla paradoxně pozitivní účinek. Jako by pád do bezradnosti, ztráta pracovních příležitostí a svobody cestovat nakonec zrodila umělce nového typu, mnohem niternějšího a soustředěnějšího.

Svou předchozí tvůrčí etapu zakončil Jan Reich ve Francii, kam emigroval po okupaci. Všechny přísliby svobody a volnosti, které v Praze od počátku šedesátých let usrkával po troškách, se v Paříži slily do euforie. Mladý fotograf žil ze dne na den a pařížské ulice pulsující životem představovaly skutečnou pastvu pro objektiv. Fotografoval městský cvrkot a měl tehdy blízko k mnoha lovcům okamžiků s leicou na krku. Až na to, že jeho okamžiky jsou na rozdíl od Cartier-Bressona nebo Doisneaua jen málokdy rozhodující. Můžeme v nich vidět spíš přísliby budoucího zklidněného díla než uplatnění talentu, jako by dokument nebyl tak úplně Reichova parketa.

Stýskalo se mu a nakonec se po necelém roce vrátil do normalizujícího se Československa. „Myslel jsem si, že budu běhat po Praze a fotit jí tak, jako jsem fotil Paříž," vzpomíná. „Jenže to abslutně nešlo. Francie je slunná, lidi jsou hodně na ulicích, žijí tam. Tady byli lidi utrápený, všechno šedý, všude strach a žádná radost. A tak jsem přemýšlel, co budu fotit dál a vzpomněl si na šťastné chvíle svého dětství. Tak jsem nalezl mizející Prahu."

* * *

Souborem snímků z pražských periferií začíná Reichův druhý tvůrčí život. Vysočany, Libeň, Holešovice – všechny ty ohrady, přístavy nebo dvory starých továren prolézal jako kluk v době, kdy jejich neopakovatelná atmosféra inspirovala Vladimíra Boudníka a Bohumila Hrabala. Teď v šedivých 70. letech v nich živá jiskra minulosti vyhasínala, zůstávaly jen kulisy jako němé připomínky minulosti. A ubývalo jich. Po letech Jan Reich zjistil, že kinofilmový formát se pro jejich záznam nehodí, má-li být výsledek skutečně věrný. Začal se poohlížet po něčem větším. „Sehnal jsem si linhofku 6×9, ale furt to nebylo ono. A protože jsem se z FAMU znal s Annou Fárovou, která tehdy spravovala pozůstalost Josefa Sudka, říkal jsem jí, že bych koupil nějakej jeho foťák. A ona na počátku 80. let zavolala a dala mi jeden 13×18. A později ještě dva další."

Velkoformátová kamera dodala Reichovým pozdějším snímkům věrnější atmosféru a přesvědčivost v detailech. Vznikl zasmušilý soubor *Mizející Praha*, podmanivé svědectví o části města, která svého času představovala jeho živelnější a snad i opravdovější tvář než malostranské paláce. V sedmdesátých letech se postupně propadala do minulosti a nebylo zdaleka jasné, co ji nahradí.

Už v tomhle obrazovém eseji, stejně jako v pozdějších pracích, se Jan Reich cíleně vyhýbal tomu, aby zachycoval ničení, devastaci nebo novostavby, které vytlačují starou zástavbu. Skládal tichou poklonu světu, který považoval za krásný a hodnotný, usilovně pracoval na tom, aby ho zaznamenal ještě alespoň trochu při síle. A když je mu ubližováno, odkládá fotoaparát – jako by měl zvnitřnělou jakousi starosvětskou slušnost, která považuje za nepřijatelné fotografovat, ztrátí-li někdo – nebo něco – důstojnost. „Devastace mě nikdy nezajímala," říká Reich, „chtěl jsem zachycovat hodnoty, abych se měl čeho chytit."

* * *

Normalizace ovšem nepolevovala, a hodnot ubývalo. O Sudetech, kde měl fotograf od mládí chalupu, to platilo dvojnásob. Jednoho dne ji Reich prodal a začal se poohlížet po kraji, který by nebyl vyrvaný z kořenů a mohl mu v depresivní době poskytnout útočiště. Takhle objevil Sedlčansko. Leží sotva padesát kilometrů od Prahy, ale v českém prostředí představuje velmi specifický region. Kvůli kamenité neúrodné půdě odjakživa chudý, zapomenutý a rázovitý. Stoprocentní české osídlení jej uchránilo před katastrofou vyhnání, nezajímavý zemědělský i průmyslový potenciál před přílišnou pozorností komunistů. I tady se samozřejmě ničilo, bořilo a rozorávaly meze, ale podstatně méně než jinde. Rody starých chlapů, kteří v neděli z truhel vyndávali sváteční obleky a po mši zapalovali v místní hospodě viržinka, žily na Sedlčansku po mnoho staletí. Tady se ještě v 80. letech po večerech zpívalo na návsi a babky při draní peří vyprávěly pověsti. „Byla tam harmonie, ty lidi měli mentalitu svobodných sedláků," vypráví Reich. „Zažil jsem tam ještě tu starou generaci, to byly osobnosti. Furianti, zpívali, hráli na harmoniku, tancovali, pili, každej byl jinej." A podobně na tom byla i krajina. „Tehdy ještě fungovaly původní cesty, aleje, louky, boží muka, hodně se chodilo pěšinama. Lidé dřív celou krajinu obhospodařovali jako zahradu. A na Sedlčansku byla ta harmonie pořád. Jako by tam ještě nedorazilo technický století."

Reich si tu koupil vesnický dům a když se oženil a přišly děti, v podstatě se sem přestěhoval. Pracoval příležitostně pro podnik Pressfoto – objížděl Čechy a fotografoval památky na pohlednice. „Vůbec se mi to nelíbilo, bylo to špatný, barevný a komerční. V záběru se třeba nesměl objevit kostel, duchovno bylo nepřijatelný," vypráví fotograf. „Když člověk fotografuje komerční věci, tak zcyničtí, protože tomu sám nevěří. Zkazí se. Měl jsem špatný svědomí, tak jsem vedle toho pořád fotografoval pro sebe černobíle, protože to mělo tajemství a atmosféru."

Aby si po zakázkách spravil chuť, vytvářel Jan Reich postupně dva rozsáhlé soubory. Z ranních procházek Hradčany a Malou Stranou vznikala *Praha*, výtvarně precizní, lidí zbavený portrét české metropole, o němž Bohumil Hrabal později napsal, že takhle bude vypadat město, až budou všichni občané povoláni k poslednímu soudu. A v čase, kdy pobýval na Sedlčansku, fotografoval Reich cyklus *Dům v krajině* – krajinu, architekturu, interiéry a obyvatele svého druhého domova.

* * *

Oba dva soubory – a vlastně celou pozdější fotografovu práci – spojuje jasný záměr zachytit to hodnotné kolem nás, co trvá. Harmonii přírody, smysluplnost uspořádání krajiny, citlivé vstupy člověka do ní, bytelnost prastarých zdí vesnických domů, eleganci historické architektury, která povznáší ducha, krásu, která usiluje o věčnost. Takové kvality se z krajiny nedají vydolovat silou ani rychlostí a Reich se učí trpělivosti, klidu a soustředění. Od sedlčanských starousedlíků si nechává poradit místa, odkud je nejlepší výhled, a zjišťuje, že právě na nich naši předci stavěli zastavení a boží muka. Dochází mu duchovní rozměr putování krajinou, neobjevuje nové cesty ke skutečnosti, jen trpělivě odmetá prach z těch starých, zapomenutých. Vrací se na stejná místa, fotografuje střídmě a neefektně, jako by rozjímal, a duše krajiny mu postupně začíná důvěřovat a našeptávat svá tajemství.

Rozechvělost a napětí Reichových sedlčanských snímků vyrůstá z lehkého protikladu, který skrývají. Fotograf – tak jako mnozí jiní – má rád počasí spíše vlhké, melancholické až mrzuté, osobní propojení se zemí ale jeho snímky prosycuje přívětivou důvěrností, vnitřním klidem. „Jednou, už mnohem později, jsem měl výstavu v italské Pise a konala se tam debata na univerzitě," říká Reich se smíchem. „Jeden pán se mě ptal – a proč jsou na těch fotkách všude takový mraky, je to temný a prší ? Chtěl jsem odpovědět a nadechl se, když v tom do toho vstoupil jeden z profesorů a říká – počkejte, já vám to vysvětlím. Tento pán je zaalpský umělec. Vzpomeňte si na Rembrandta, Goyena, Bruegela. U nás je stále hezky, ale tam u nich se střídají čtyři roční období, tam jsou mraky, bouře, prší. Bláto a čvachtanice – to je jejich přirozené prostředí. Říkal jsem si, že na tom asi něco bude."

* * *

Nad pražskými a sedlčanskými fotografiemi naplněnými takřka zenovým klidem si člověk na chvíli vzpomene na druhého Jana Reicha – toho, který kočoval s cirkusem a utekl do Paříže. Na tuláka šedesátých let. Kam zmizel? Jak snášel tohle uzemnění, život na venkovské chalupě?

„Pamatuji si jeden okamžik tak někdy v polovině osmdesátých let. Byl jsem s dětmi sám doma a chystal večeři," říká Reich. „V tu chvíli jsem si vzpomněl na starého kamaráda Josefa Koudelku. Zatímco on si jezdí po světě, fotí pro Magnum a vydává knihy, já trčím tady. Bylo mi hrozně, byl jsem z toho úplně zoufalej." Tahle vzpomínka by se Reichovi asi nevyprávěla tak snadno, kdyby se s bolestí přistřižených křídel dávno nevyrovnal a dnes nemohl s jistotou říct: „Pochopil jsem, že není potřeba cestovat na konec světa. Důležitý jsou vztahy s druhýma lidma a dobrý fotky můžete nakonec udělat i doma u plotny."

Je zajímavé pozorovat, jak se tohle osudem vynucené usazení mění v Reichových fotografiích v kvalitu. Jak přibývá důslednosti a niterného vhledu, jak se projevuje umění zůstávat a docenit trvalé hodnoty. A jako poetická odměna se v Reichově práci objevují fotografie jeho dětí. V cyklu *Dům v krajině* fungují jako odlehčující až vzdušný element. V kulisách robustního domu s hrubou podlahou a s kamenitou zemí za okny ztělesňují děti smysluplnost Reichovy snahy o vzkříšení dávných hodnot – krajina a dům jsou místem, v němž se odehrává citové zrání, místem otištěným do duše. Reich pro duši své rodiny vynašel to nejlepší, co mohl, krásné a stromy porostlé místo v čase umakartového nevkusu a panelových příbytků Husákovy éry. Přirozenost prostředí, tváří, krajiny a pocit vnitřního smyslu jsou výhrou, kterou Jan Reich získal za ztrátu vnější svobody.

* * *

Po listopadové revoluci v roce 1989 se pro Reicha změnila situace. Černobílý soubor *Praha* se stal knižním bestsellerem, vycházejí mu publikace a často vystavuje. Jenže zároveň se prudce rozvíjí reklama, obrazové zpravodajství i kontakt diváků se světovým výtvarným uměním a Reichův tradiční fotografický styl se stává čím dál méně obrazově atraktivní pro běžné komerční účely.

A pak přišla *Bohemia*. Když přemýšlel, co fotografovat dál, vzpomněl si na starý slib z časů, kdy jezdil po Čechách a na zakázku fotografoval památky na pohlednice. Během téhle práce si častokrát říkal, že jednou se vrátí a udělá ty obrázky pořádně a po svém. V polovině devadesátých let se mu zdál být příhodný čas. Pořídil si velkou mapu Čech a zapíchal do ní několik stovek barevných špendlíků.

Zmapovat významná místa české krajiny vydalo na deset let práce. Každou volnou chvíli, když bylo vhodné počasí, vyrážel Reich s velkoformátovým fotoaparátem do terénu, na mnoho míst se vracel podruhé, potřetí. Zajímal ho způsob, jakým zámky, hrady, kostely a kaple vrůstají do krajiny jako pradávná bezešvá spojení člověka a přírody, jako by se snažil očistit myšlenku, že obojí vedle sebe může existovat v míru a harmonii. Ani tentokrát tu záměrně nejsou žádné atributy současnosti, žádný beton, automobily, lidé – fotograf destiluje esenci původní krajiny.

Ale není to idealizace starých dobrých časů nebo přivírání očí před nepříjemnou pravdou dneška. *Bohemia* je monumentálním dílem právě proto, že mluví o současnosti. Ukazuje její hlubší vrstvy, napájené spodními přítoky věkovitých hodnot. Reich v ní zrale a přesvědčeně prohlašuje, že duchovní prameny téhle země nevyschly, že mají schopnost mluvit, přestože společnost má jen malou chuť jim naslouchat. Že pod aktuální mapou, na níž denně přibývají nové dálniční okruhy, betonové velkosklady a kolonie katalogových domků, leží ještě jedna mapa, jejíž přirozená centra, trasy a vrstevnice mají mnohonásobně silnější energetický potenciál, než se nám může zdát.

Slovo tradice se v kontextu českého polistopadového hledání identity často zneužívá jako záminka k ospravedlnění nepružnosti, udržení mocenských pozic nebo nacionalismu. Reich jej svou *Bohemií* rehabilitoval v nezkaleném slova smyslu.

* * *

„Fakt to chcete vidět?“ ujišťuje se fotograf po otázce, na čem pracuje dnes. V podkroví domu na pražském Novém Světě, kde bydlí se svou ženou Janou, která s ním připravuje výstavy a knihy, probere pár krabic a vyndává fotky. Je to malé překvapení. Tajuplná, někdy až abstraktní zátiší, plná světelných kontrastů, z nichž fantomicky vystupují temné tvary – skoro jako siluety postav. Někdy se tyčí vpředu, jindy z pozadí nakukují do našich životů. Jan Reich na ně ukazuje a začne mluvit o svých předcích – rodinná historie ho v posledních letech přitahuje: dává dohromady písemné záznamy, fotografie, vzpomínky. Ostatně stejně přízračné snímky jako současná zátiší dělal již ve svých fotografických začátcích. Bylo v nich podobné tajemství, neurčitost, napětí a tušení dalších významů. Možná se obloukem vrací do mládí a minulosti. „Jsou to stará okna, která jsem našel na půdě,“ vysvětlí původ předmětů na fotografiích a pak se na chvíli zamyslí. „Existuje něco vyššího. Je to dost nejasný, je to kolem nás a může to mít tyto podoby.“

Anebo se nevrací, jen se ve svém pojetí fotografie dostal ještě někam dál dopředu. Reichovou hlavní tvůrčí metodou vždy bylo odkládání nepodstatného. Abstrahování, prostota, hledání základu. Duše krajiny a města tím dostávala pravý tvar, pravé místo a možnost rozepnout se a vyjádřit. Snad ho nyní krajina požádala, aby odložil i její vnější tvářnost a zkusil nahlédnout tajemství ukrytá za ní. Nejprve čekal, až odjedou auta. Pak až odejdou lidé a vítr odfouká smetí. Teď ještě zavřel oči.

BEGINNINGS, PRAGUE / ZAČÁTKY, PRAHA, 1958–59

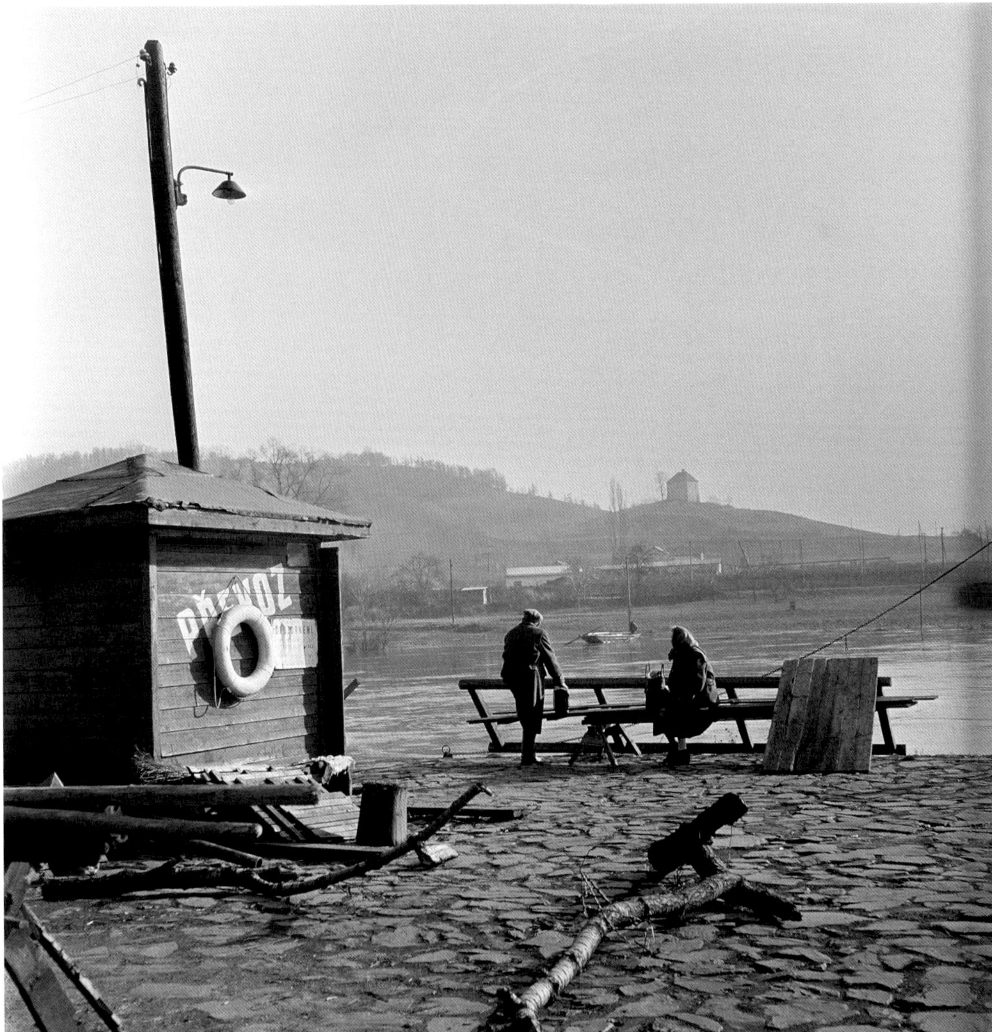

1 **Ferry Dock, Podbaba / Podbaba – Převoz** 1958

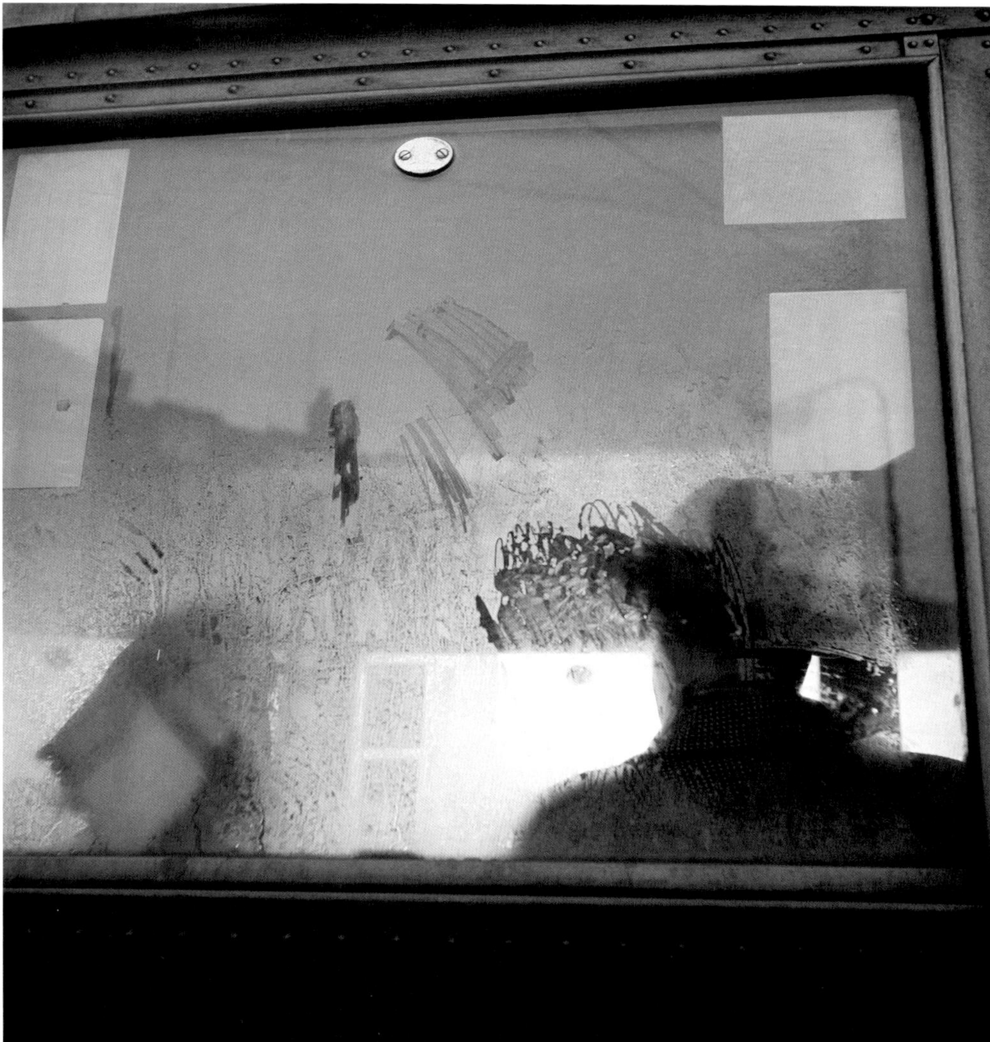

2 **Tram Terminus, Podbaba / Podbaba – Konečná tramvaje** 1958

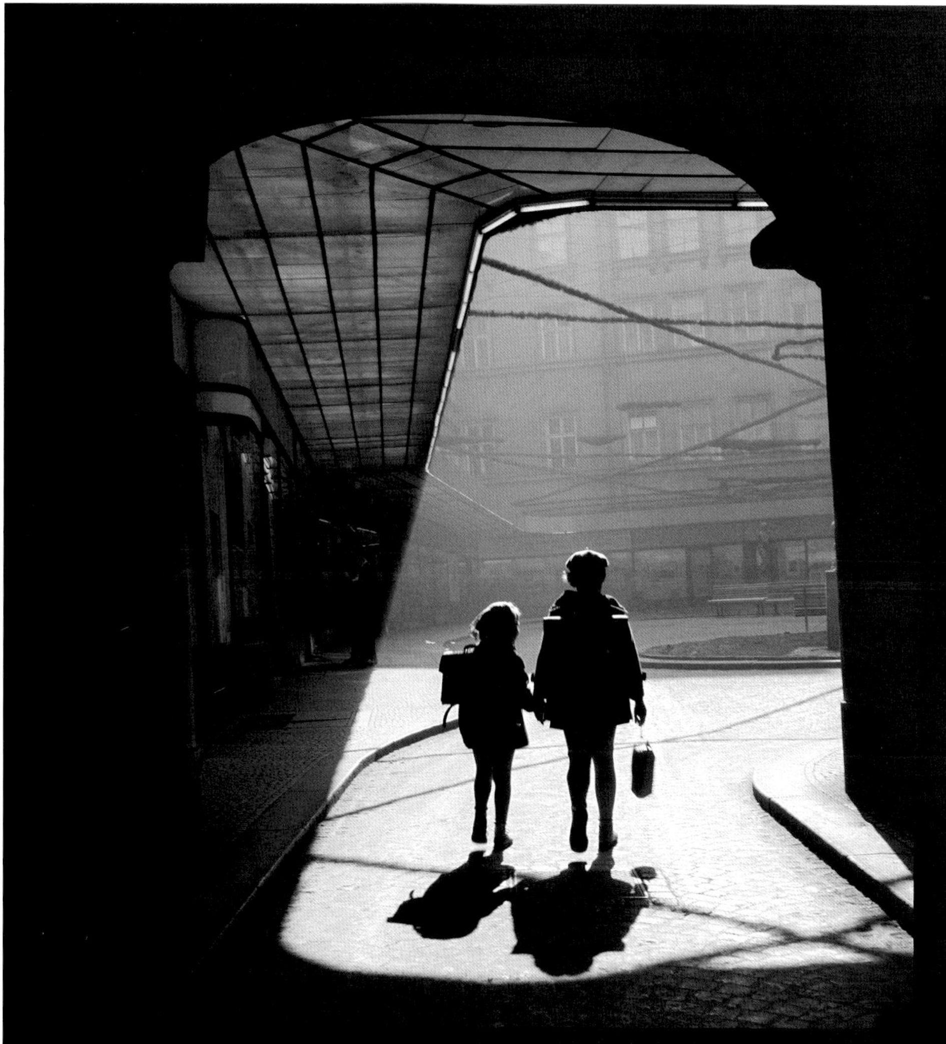

3 **Platýz** 1959

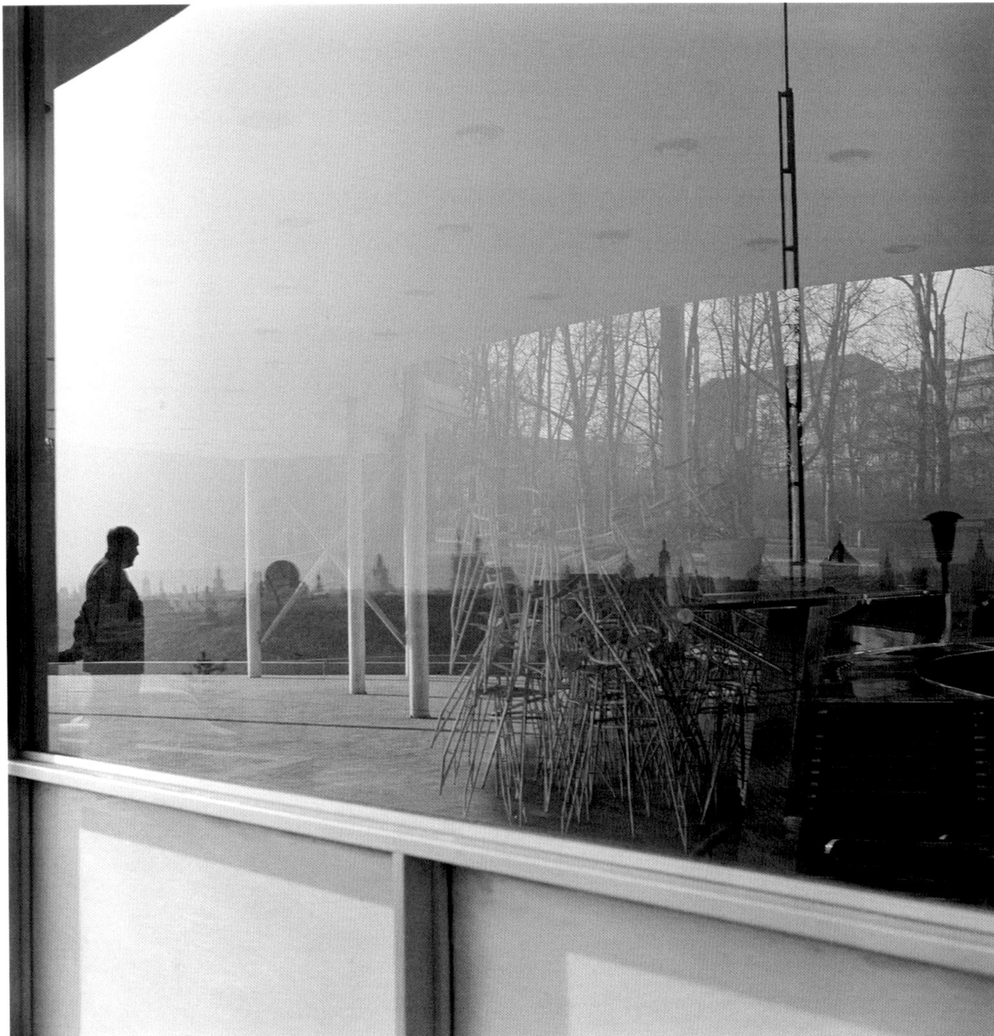

4 **Czechoslovak Pavilion from Expo 58 / Bruselský pavilon** 1959

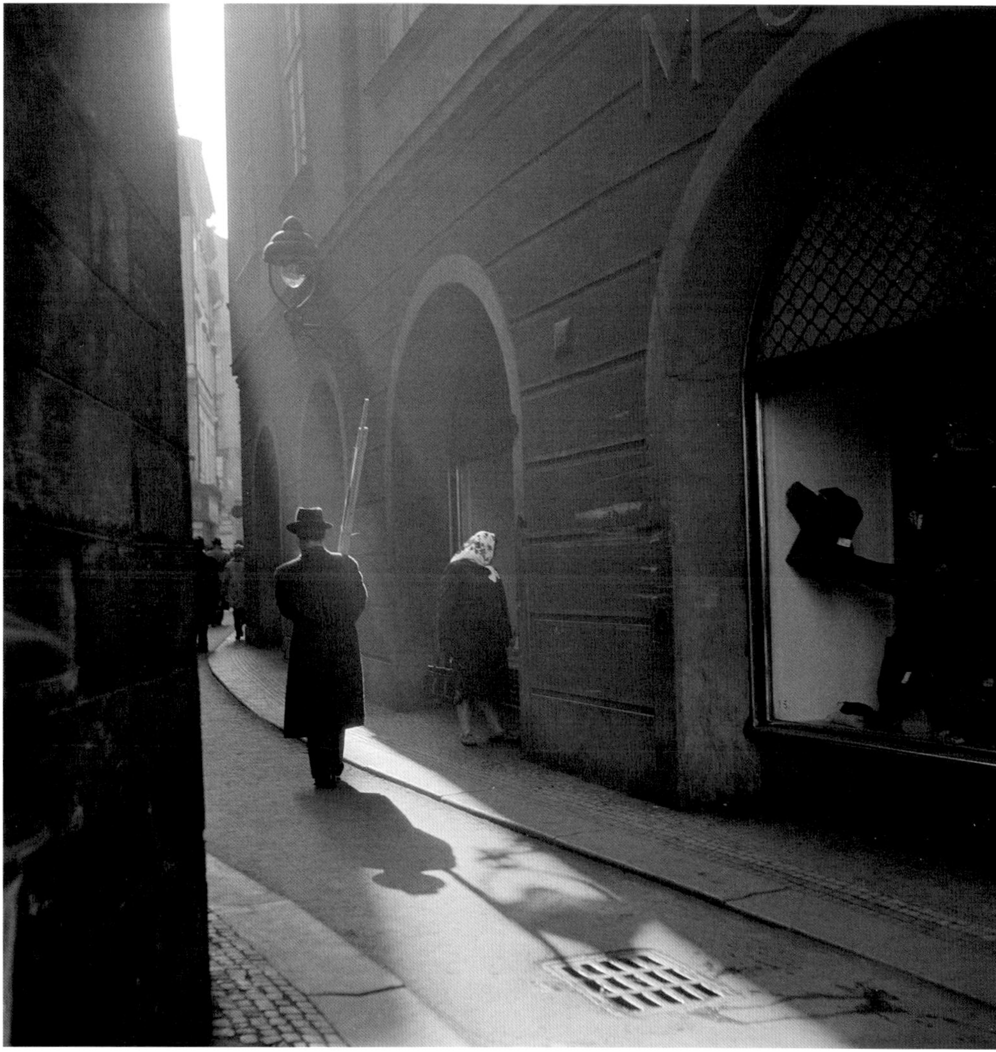

5 **Melantrichova ulice** 1959

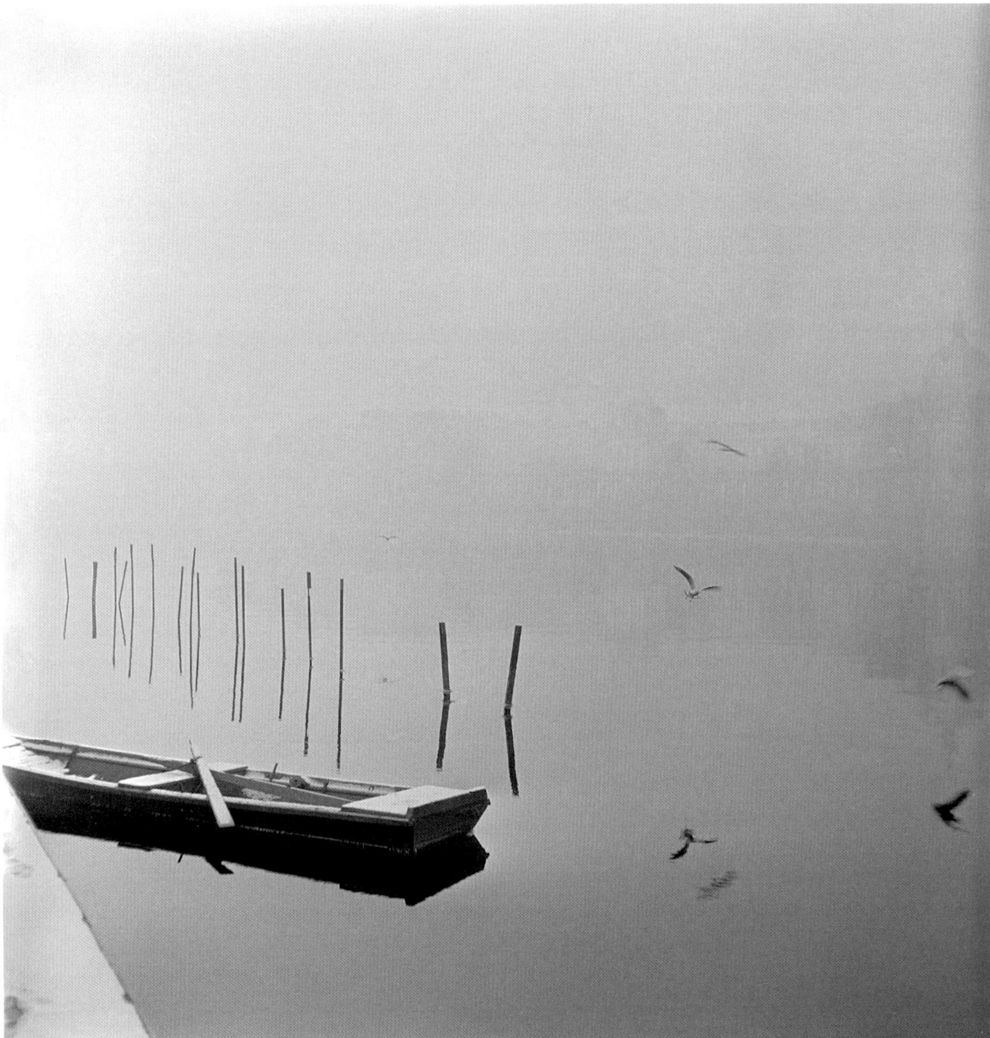

6 **Na Františku** 1958

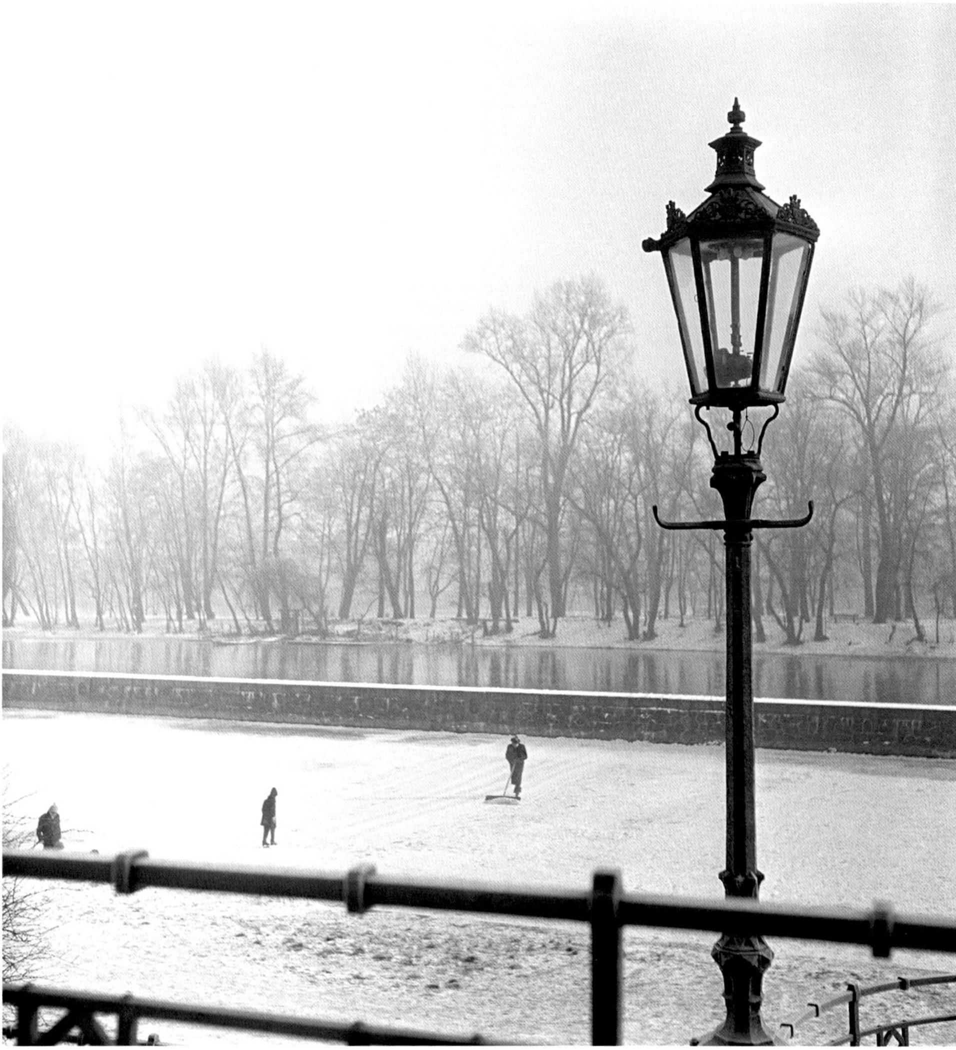

7 **Embankment, Lesser Town / Malostranské nábřeží** 1958

CIRCUS / CIRKUS, 1964–65

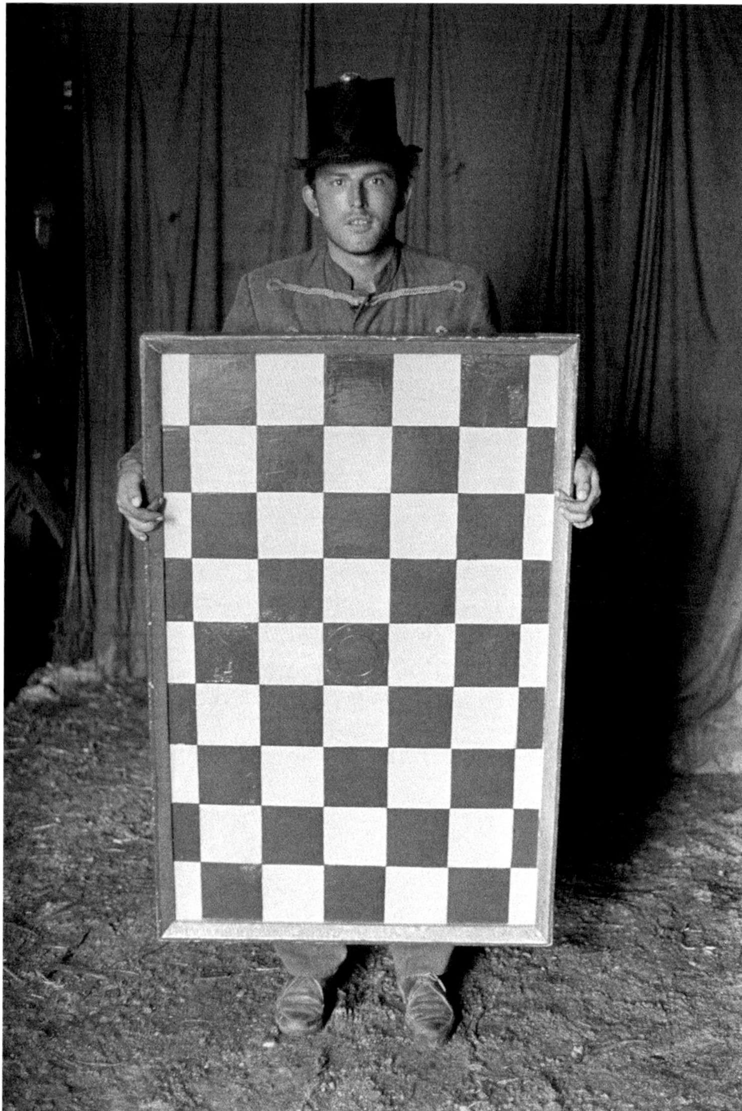

8 **Honza, the Circus Hand / Honza – pomocník v manéži** 1965

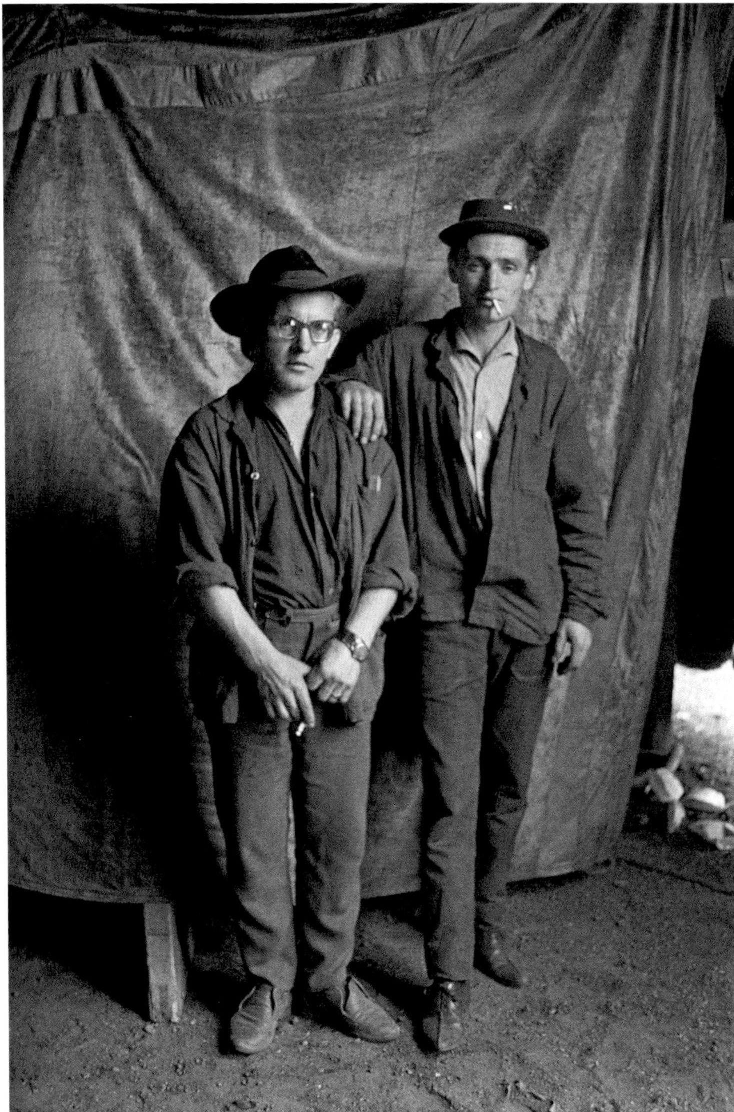

9 **Franta & Karel** 1965

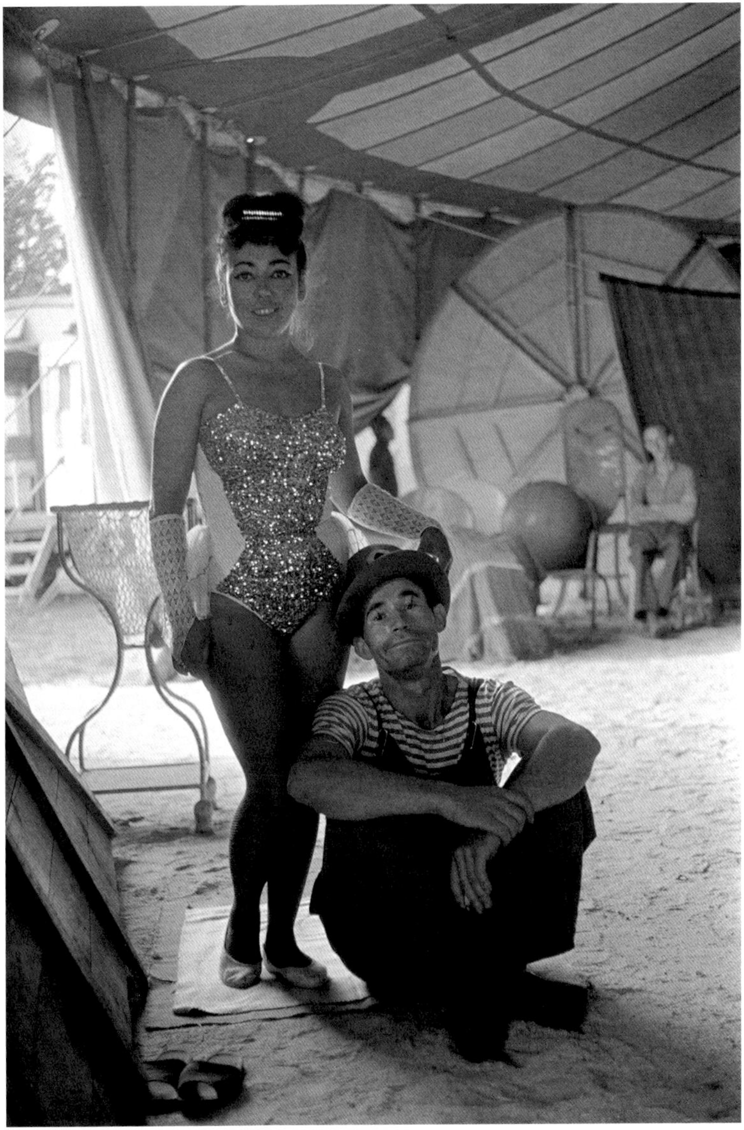

10 **Contortionist and Clown / Klaun a hadí žena** 1964

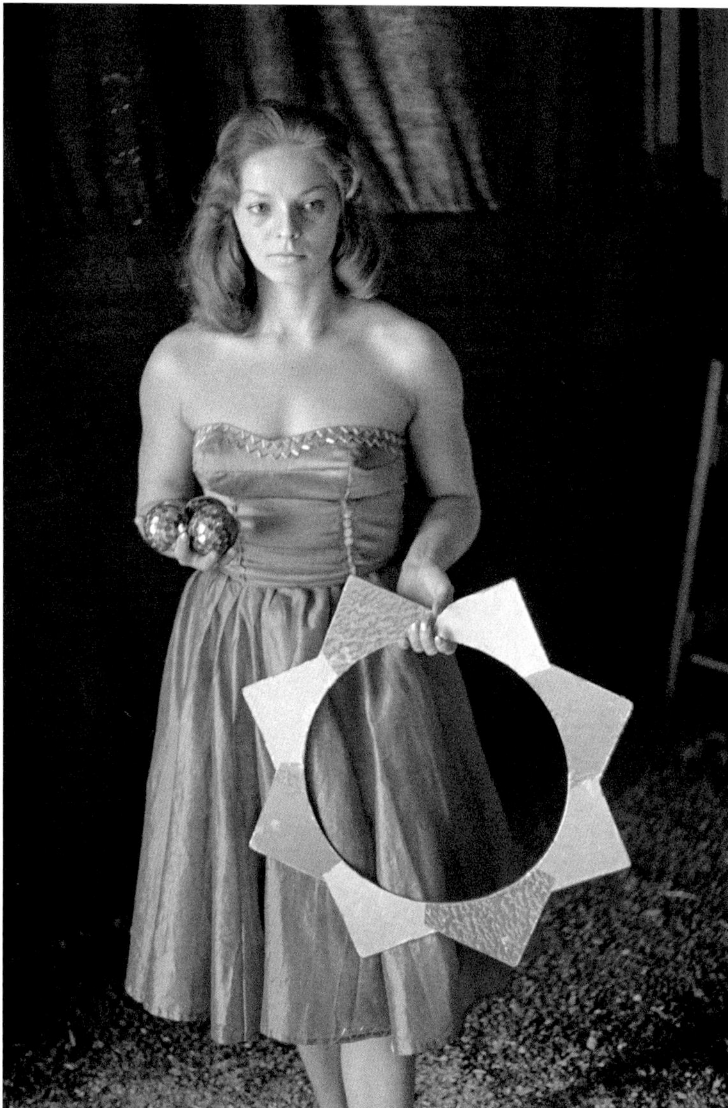

11 **Marie** 1965

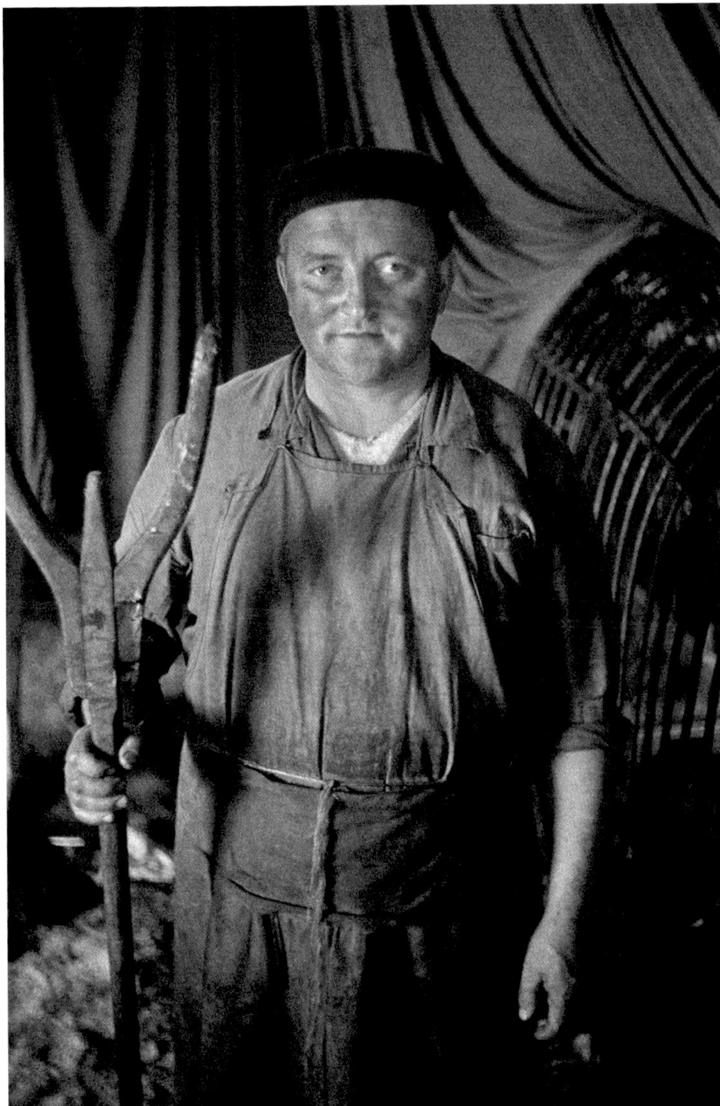

12 **Mr. Gabriel, the Bear-keeper / Ošetřovatel medvědů pan Gabriel** 1965

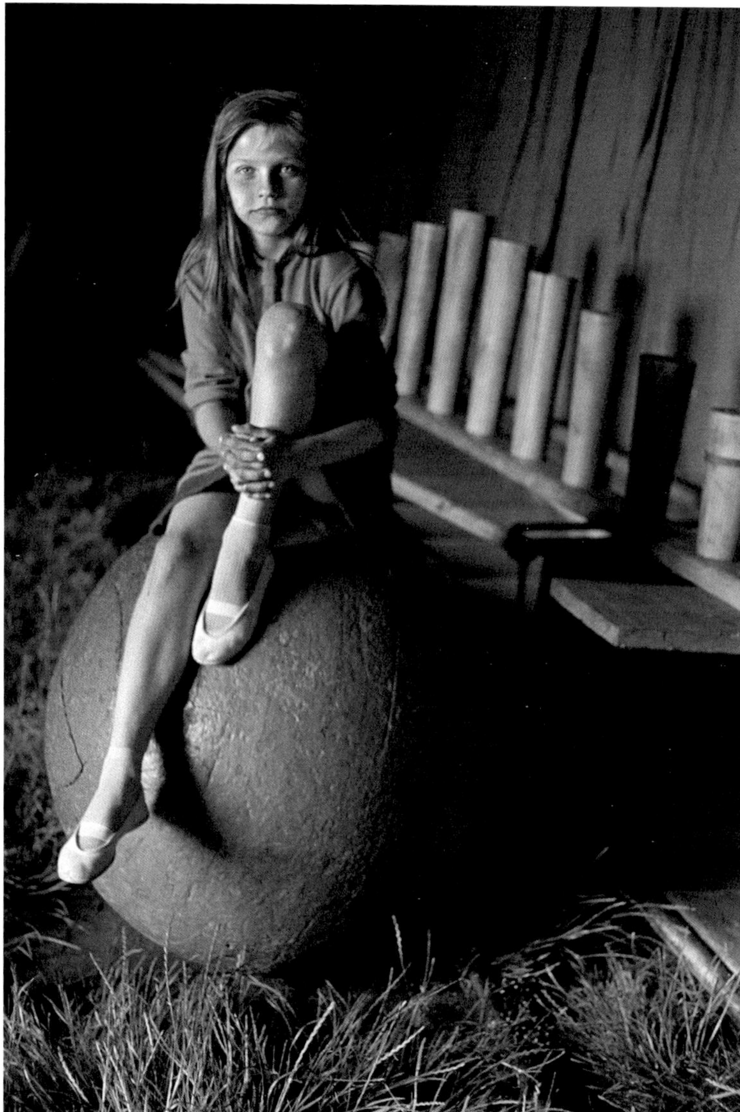

13 **Renata** 1965

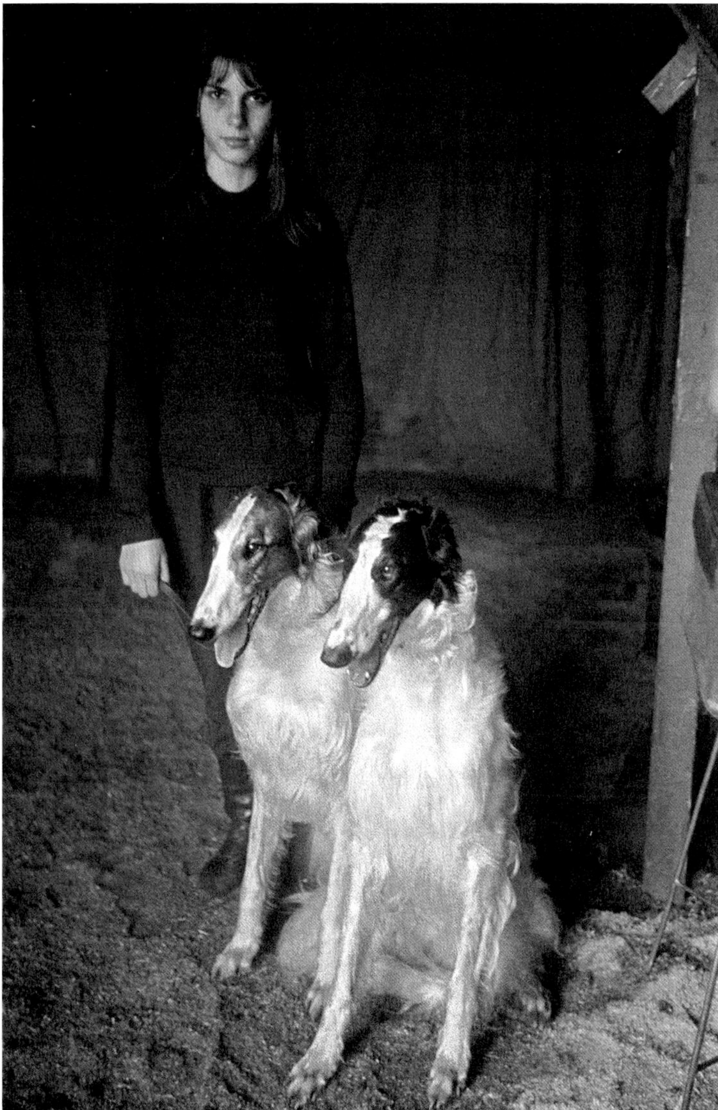

14 **Eva with Wolfhounds / Eva s chrty** 1965

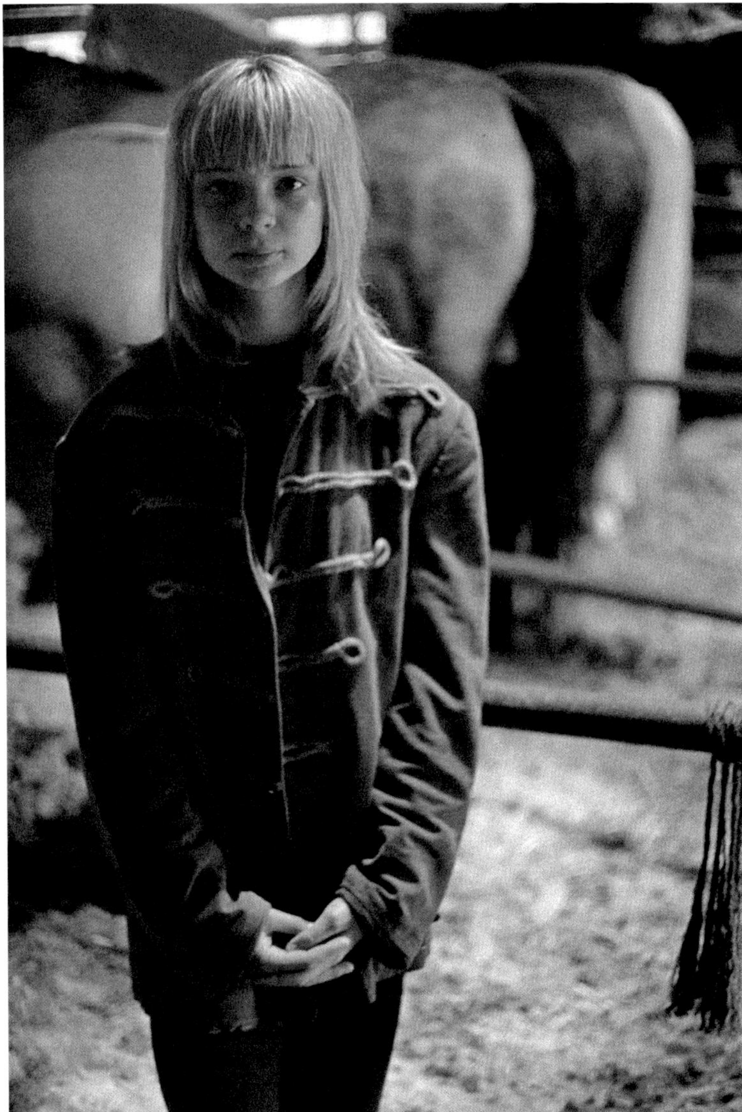

15 **Berta in the Stable / Berta ve stáji** 1965

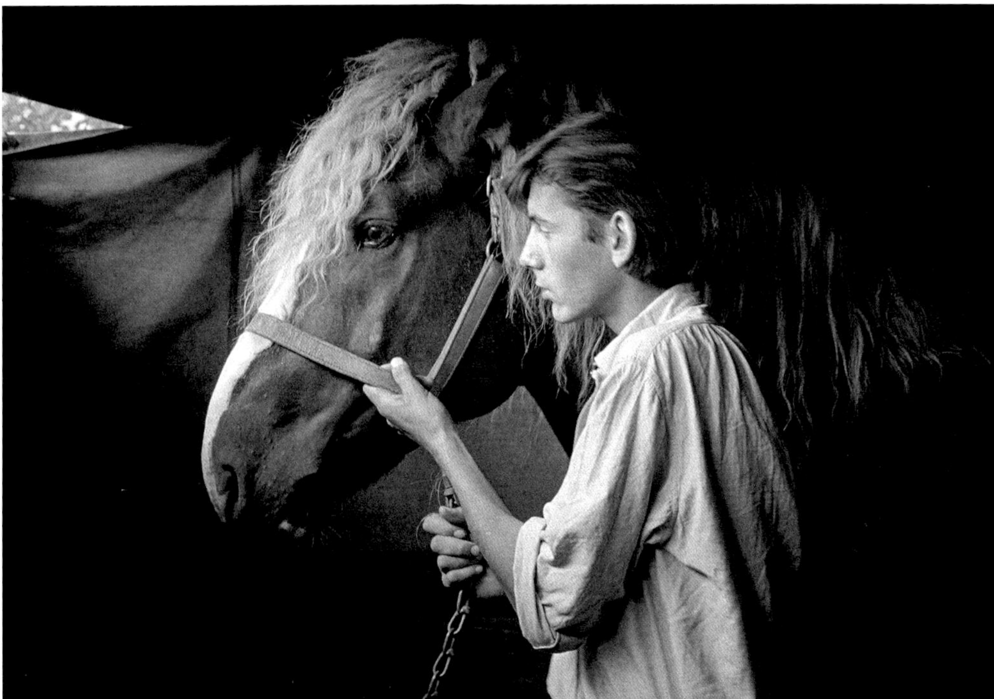

16 **Josef, the Stableboy / Josef od koní** 1965

PARIS / PAŘÍŽ, 1969–70

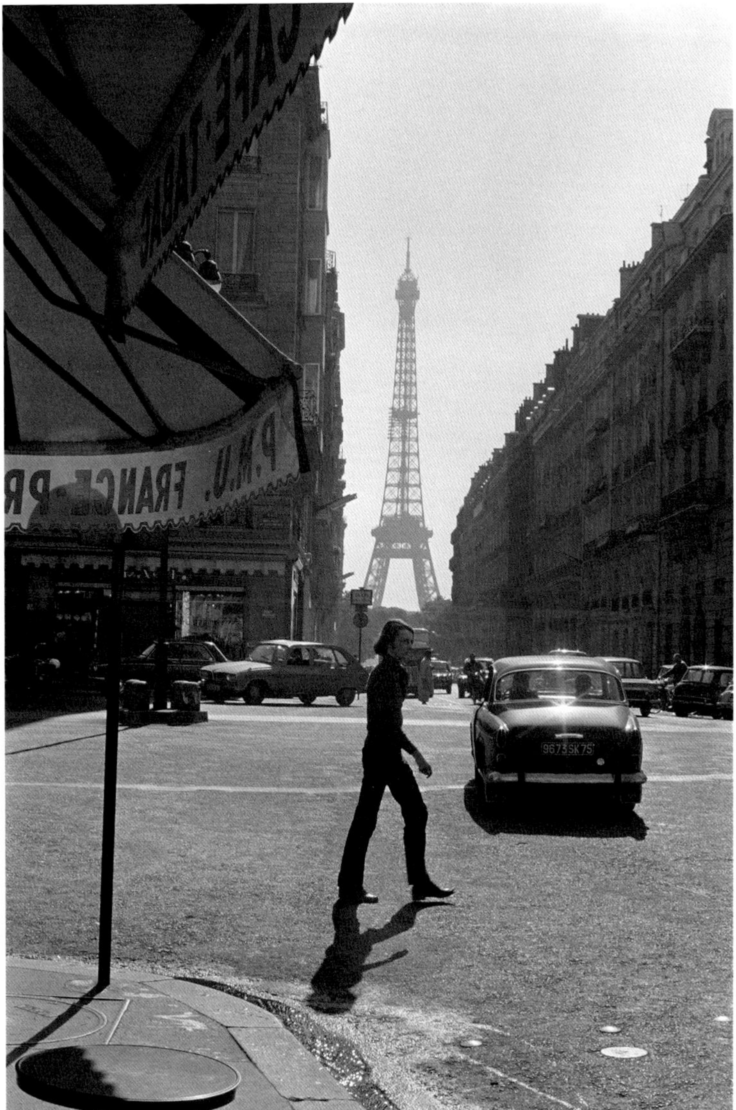

17 **Avenue d'Iéna** 1970

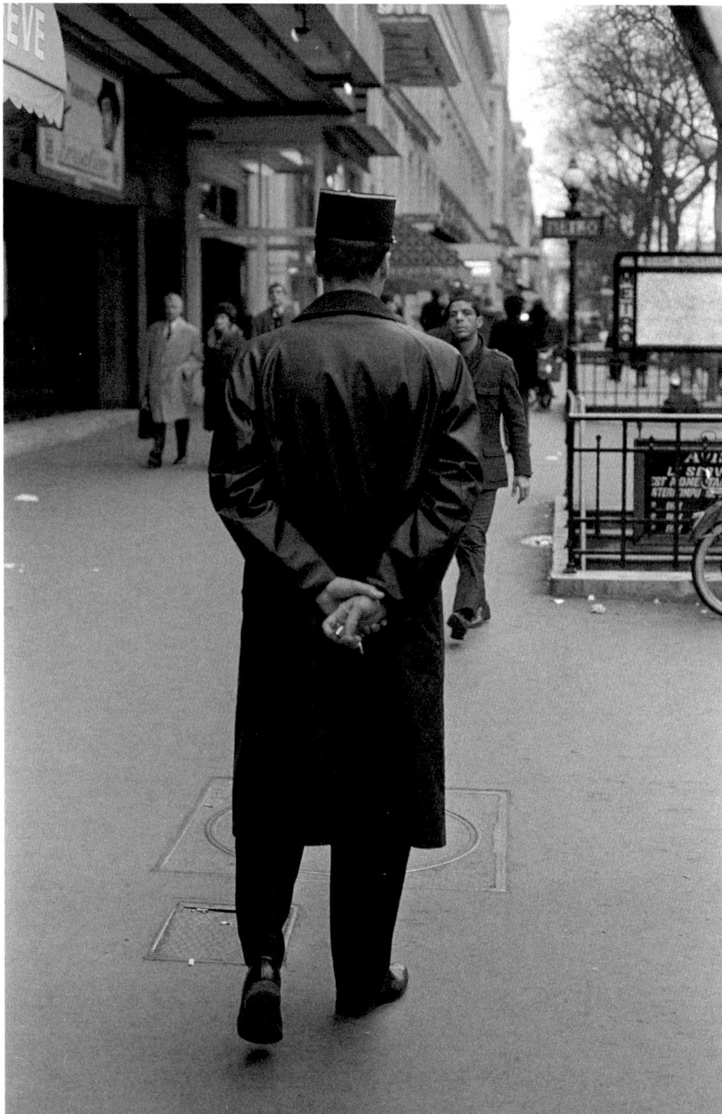

18 **Policeman, Boulevard de la Chapelle / Policista – Boulevard de la Chapelle** 1970

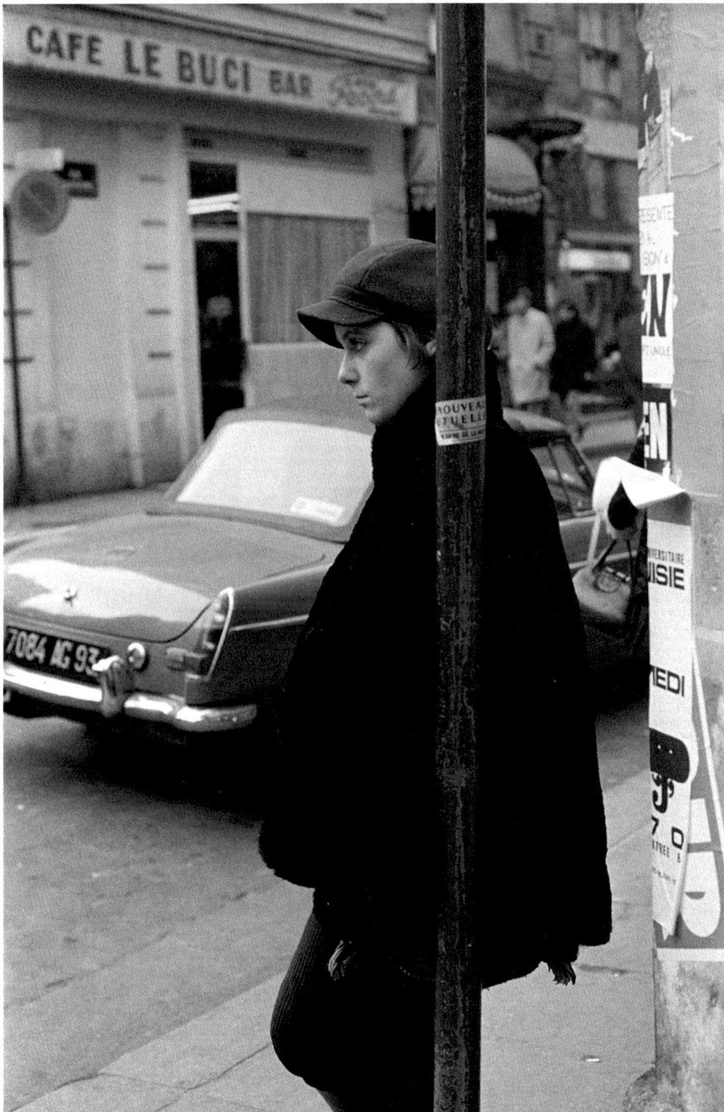

19 **Le Buci** 1969

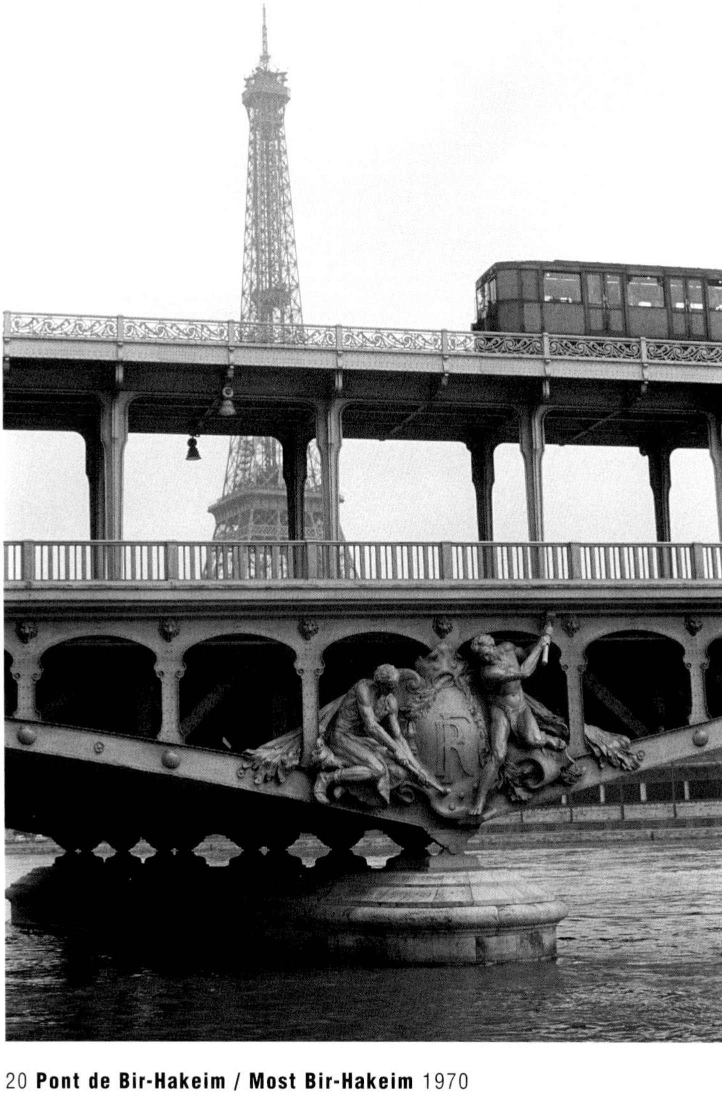

20 **Pont de Bir-Hakeim / Most Bir-Hakeim** 1970

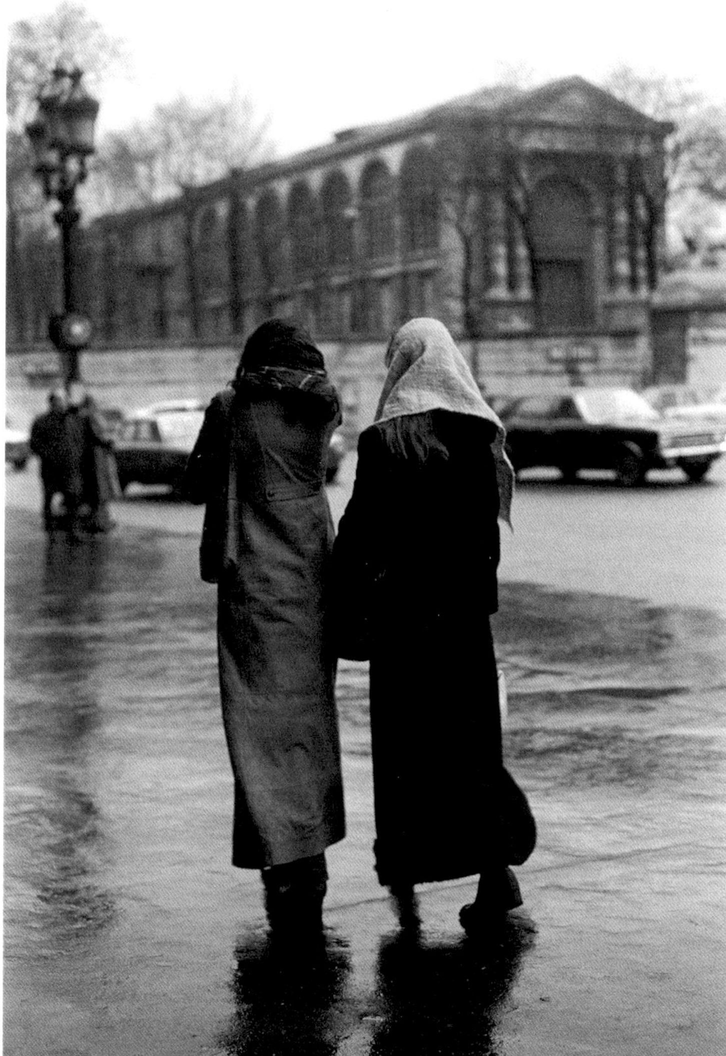

21 **Jeu de Paume** 1970

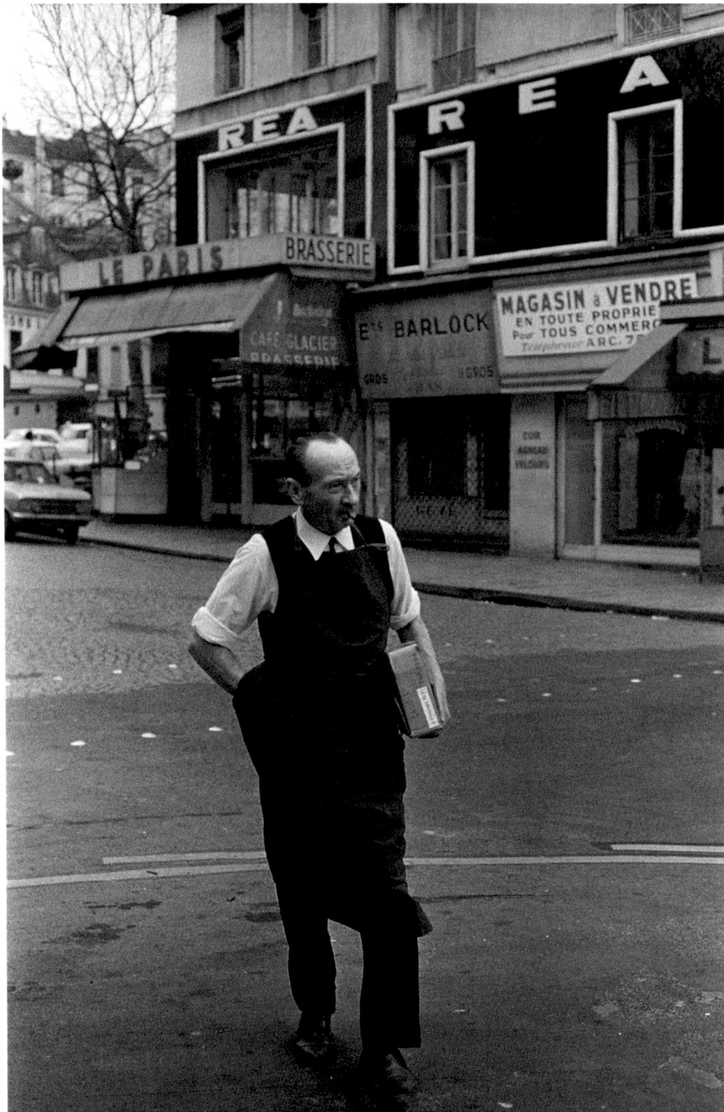

22 **12th Arrondissement / Dvanáctý pařížský obvod** 1970

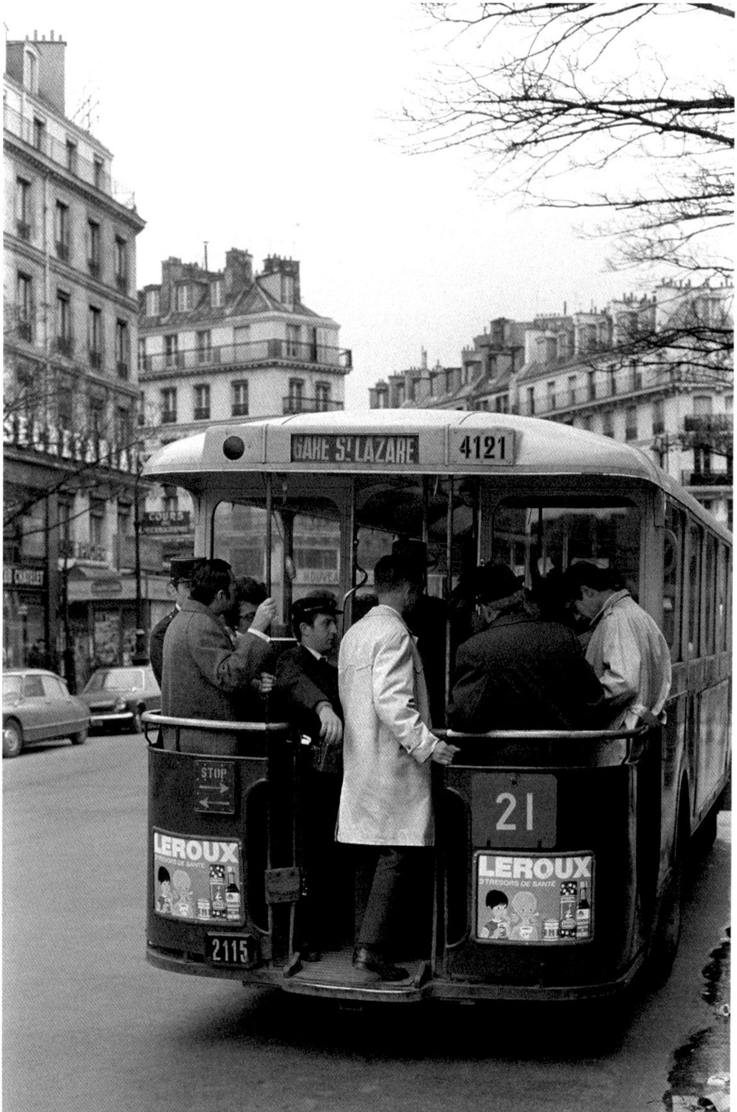

23 **The 21 Bus / Autobus č. 21** 1969

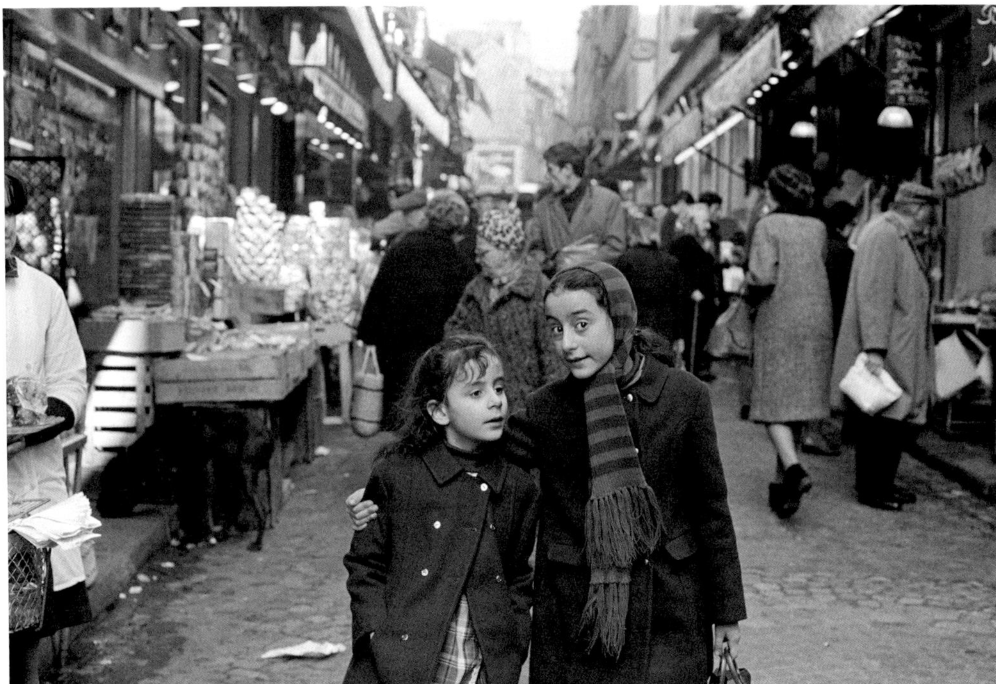

24 **Market in Rue Mouffetard / Trh v ulici Mouffetard** 1970

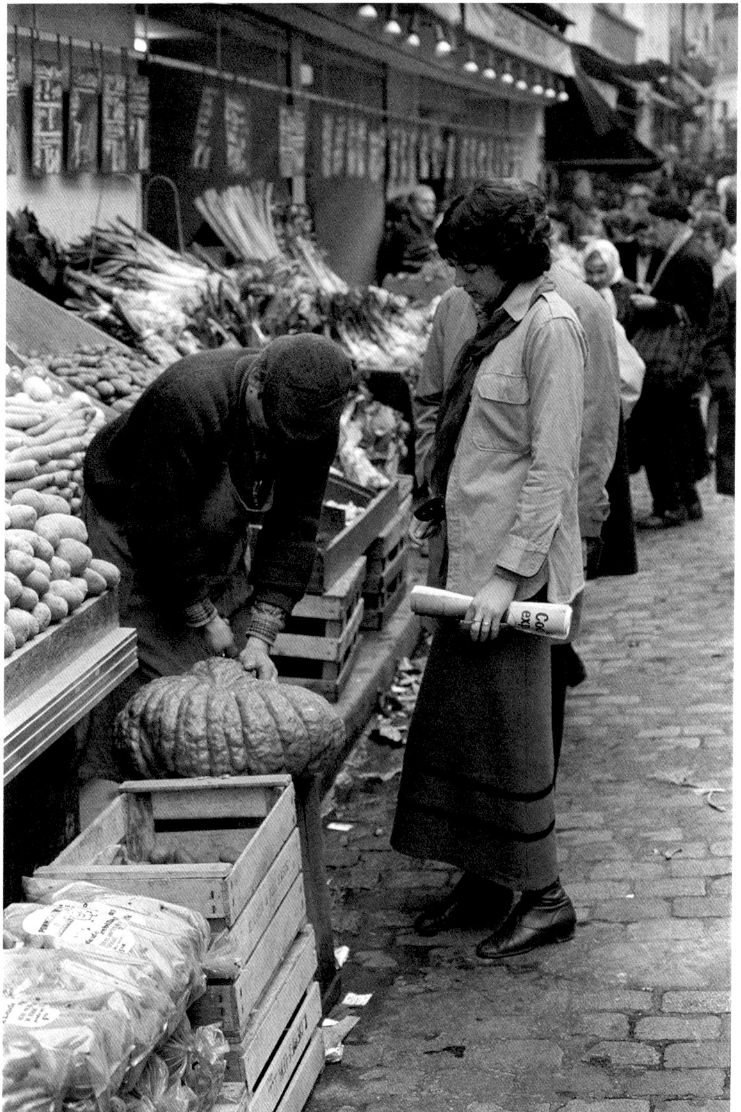

25 **Market in Rue Mouffetard / Trh v ulici Mouffetard** 1970

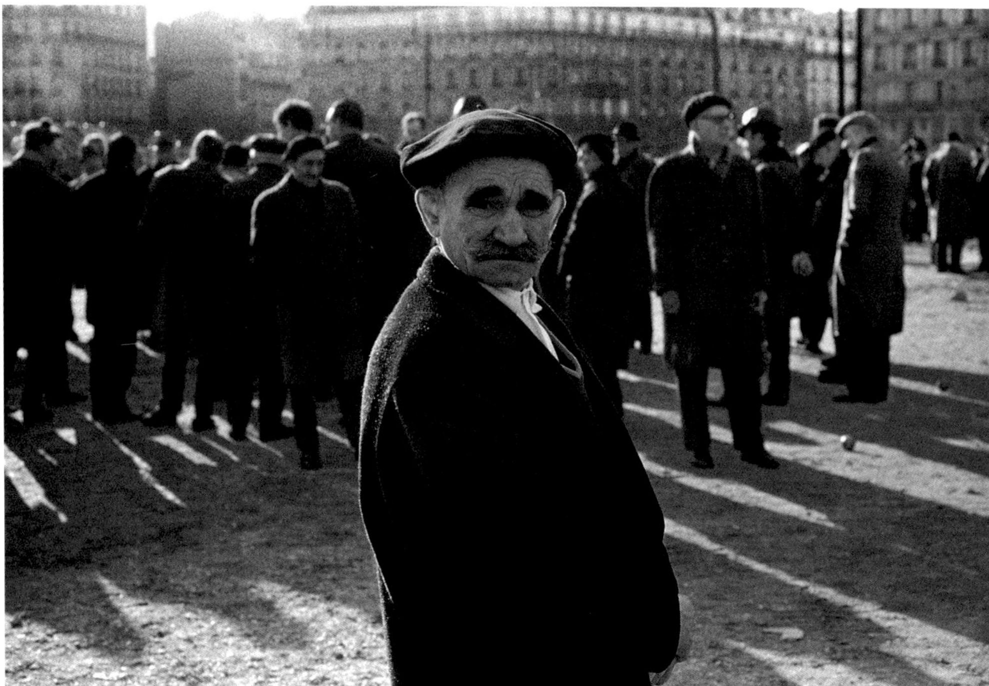

26 **Pétanque Player, Place de la Nation / Hráč pétanque na Place de la Nation** 1970

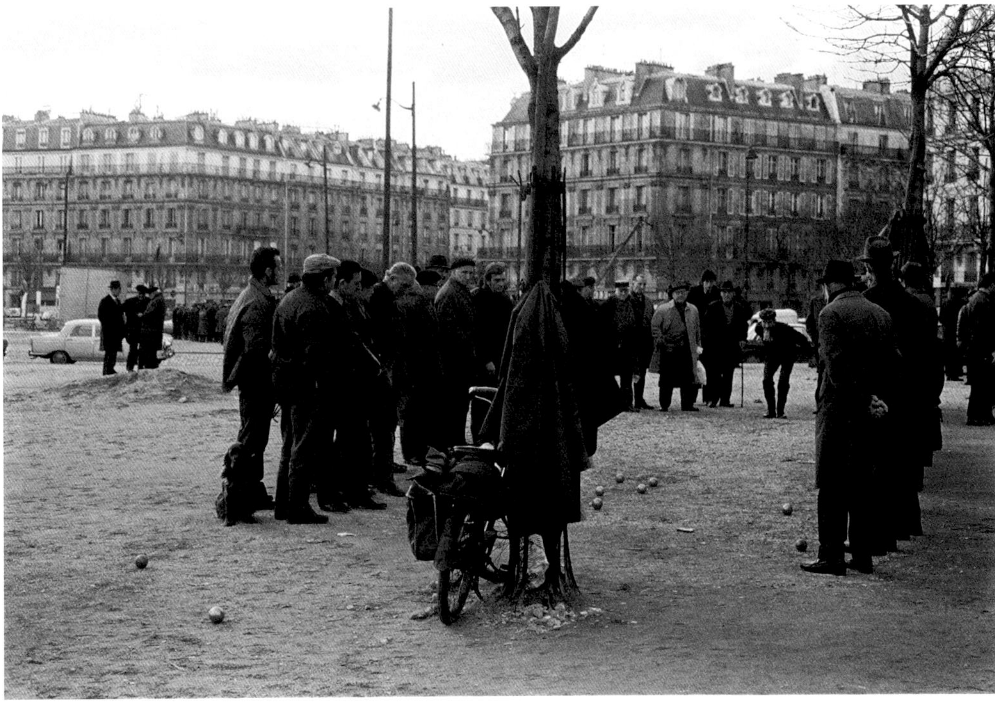

27 **Pétanque, Place de la Nation / Hra pétanque na Place de la Nation** 1970

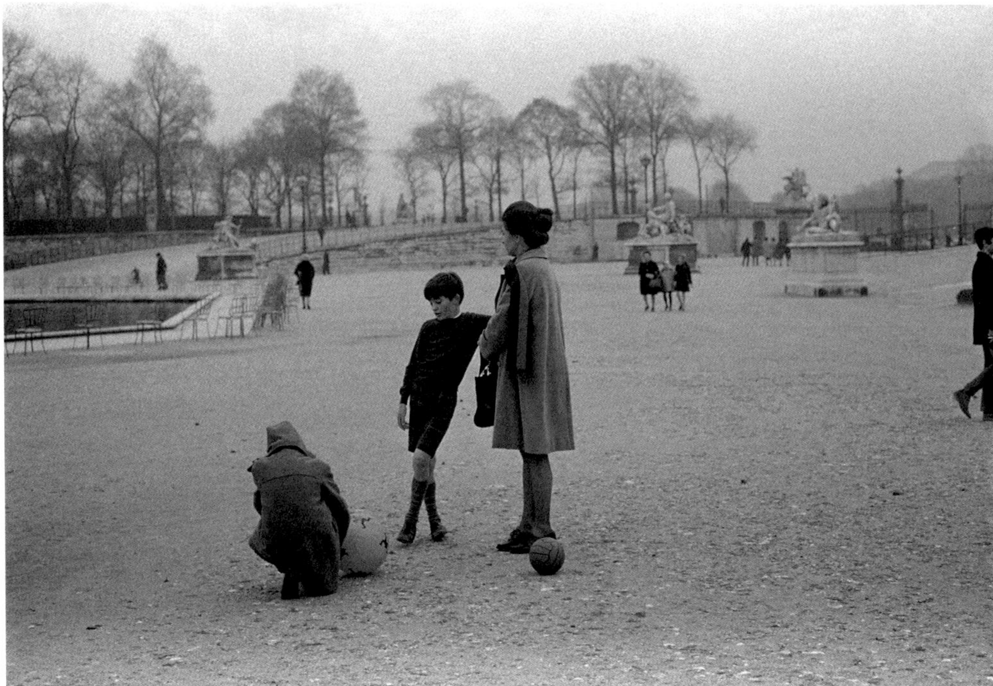

28 **Les Tuileries** 1970

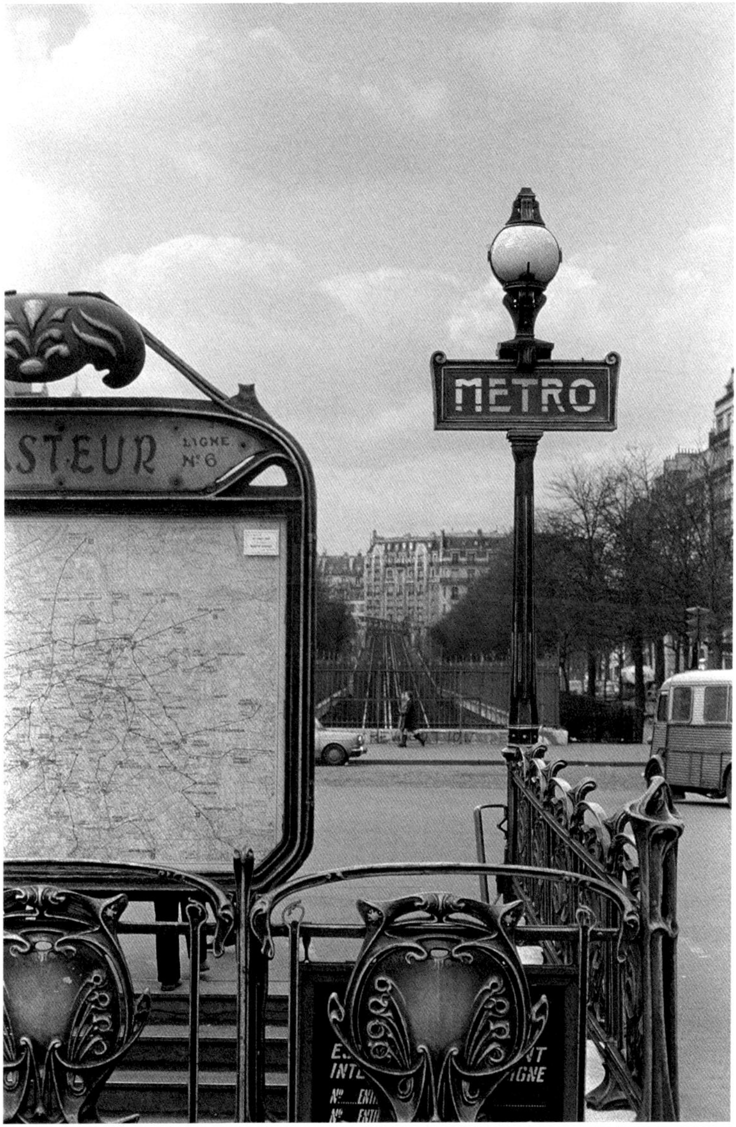

29 **Pasteur Station, Métro / Metro – stanice Pasteur** 1969

VANISHING PRAGUE / MIZEJÍCÍ PRAHA, 1974–79

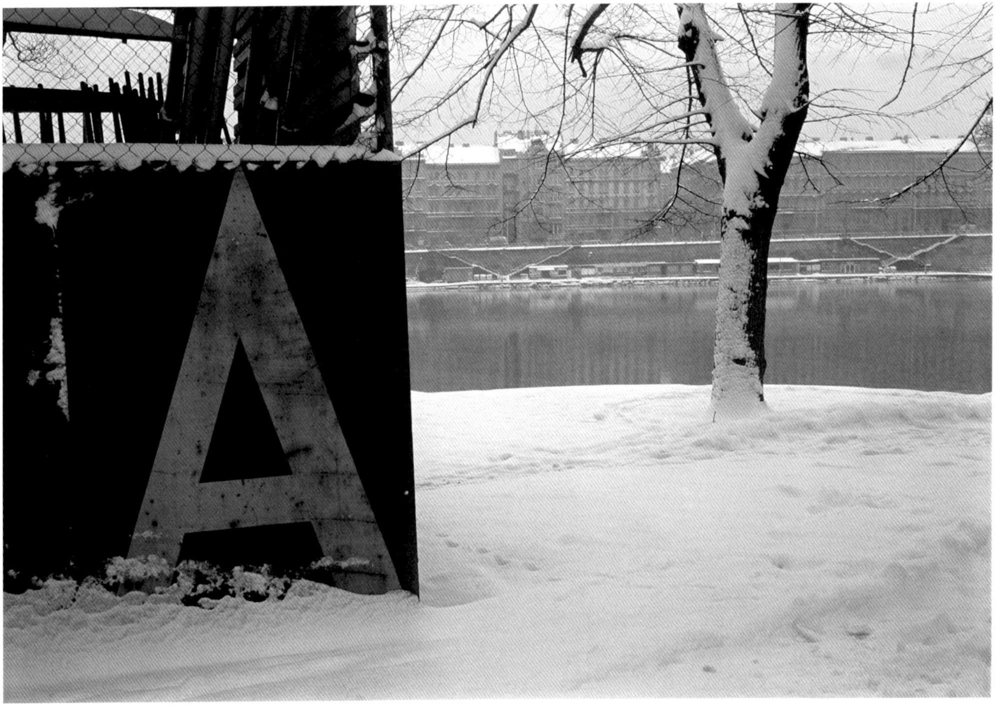

30 **By the Jirásek Bridge / U Jiráskova mostu** 1979

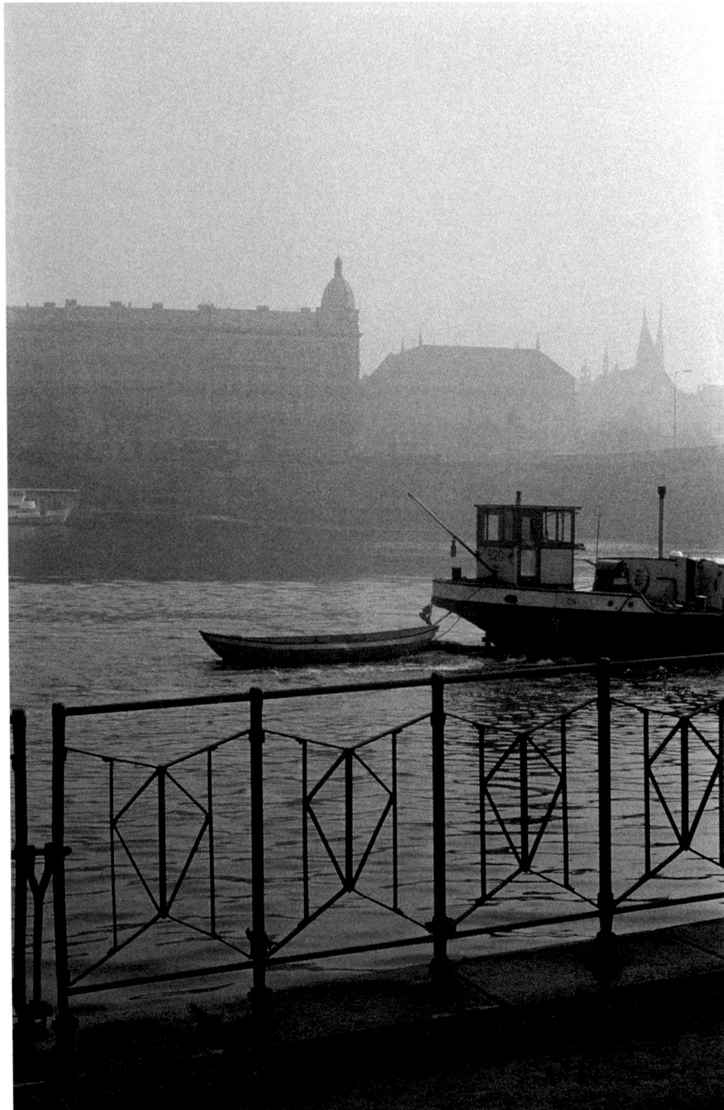

31 **By the Palacký Bridge / U Palackého mostu** 1977

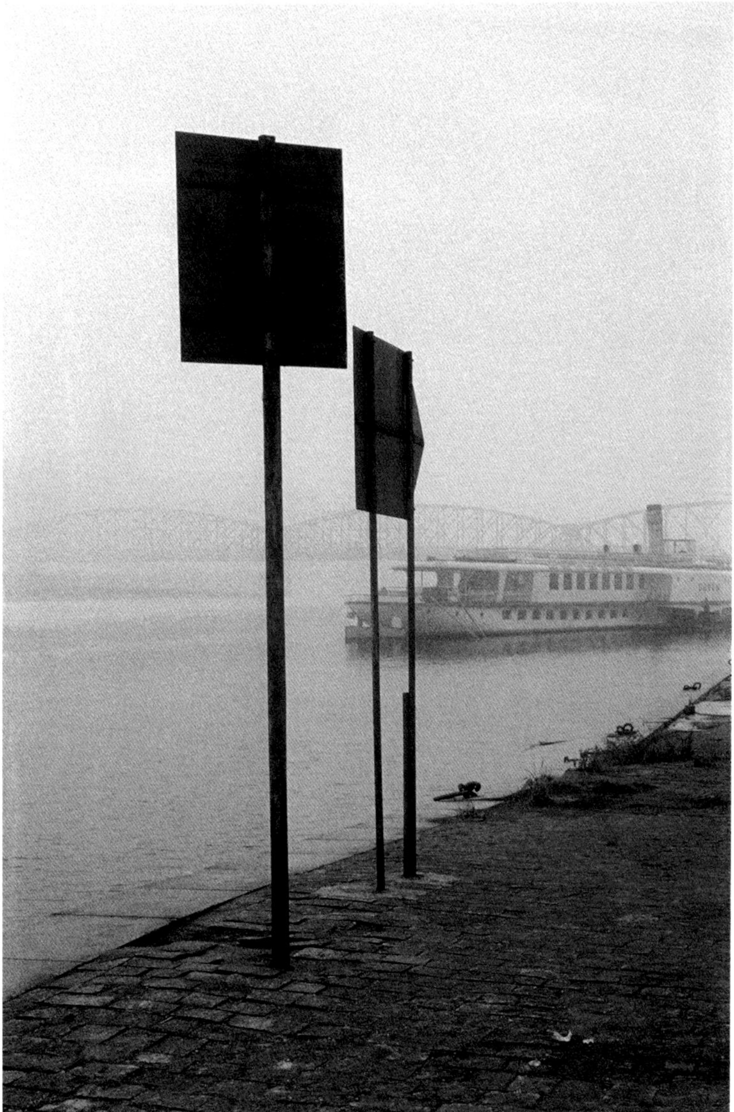

32 **By the Railway Bridge / U Železničního mostu** 1978

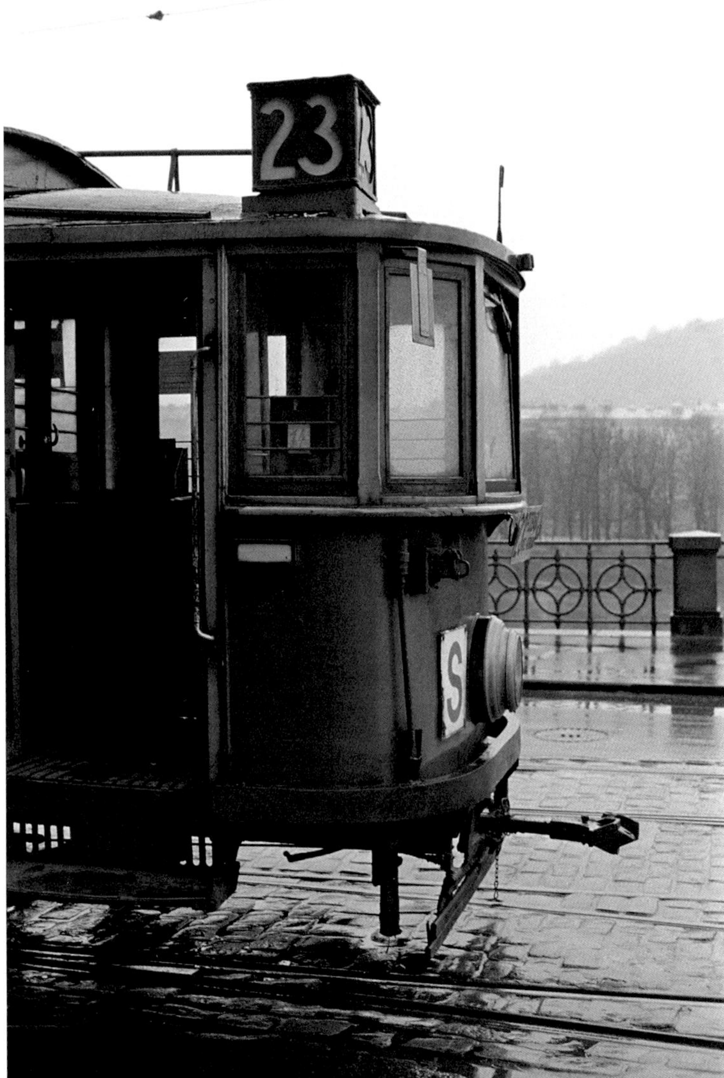

33 **The 23 Tram / Tramvaj č. 23** 1974

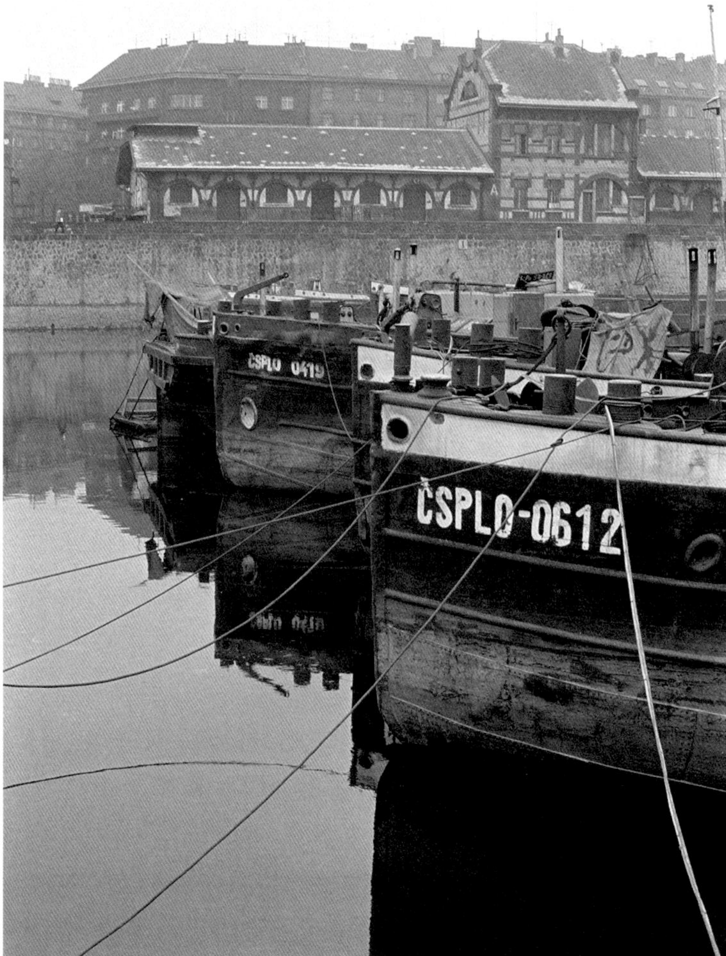

34 **Holešovice Docks / Holešovický přístav** 1974

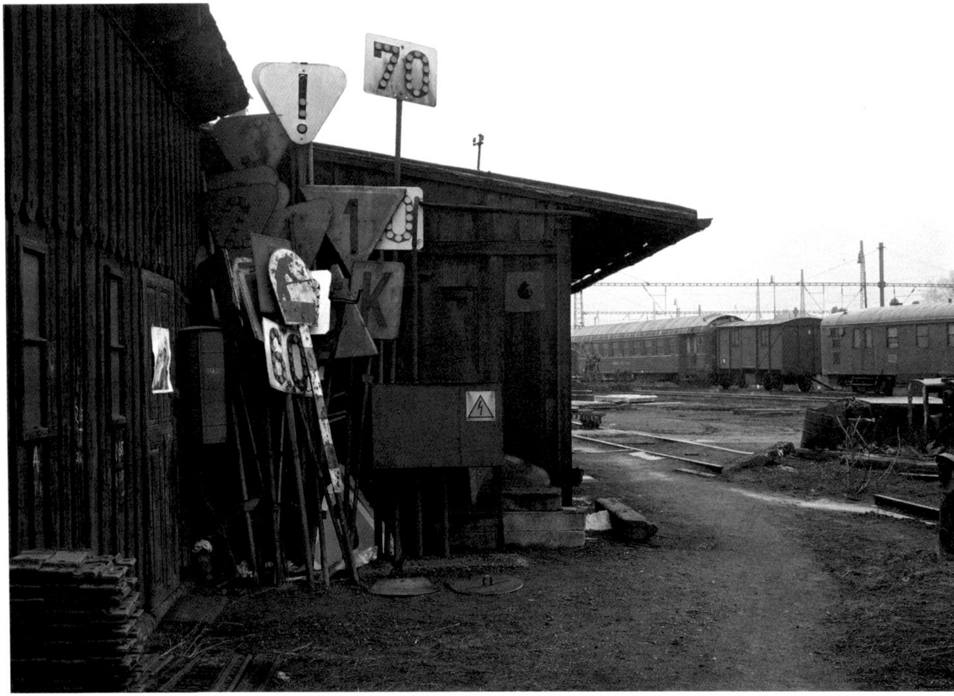

35 **Smíchov Station, Prague / Nádraží Praha-Smíchov** 1978

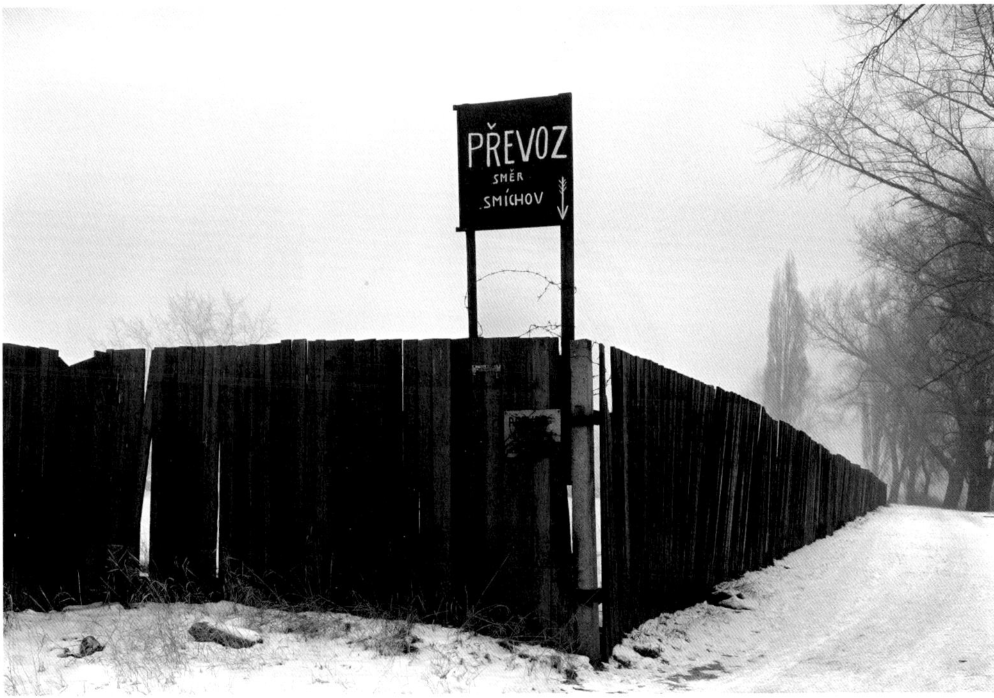

36 **In the Imperial Meadow / Na Císařské louce** 1979

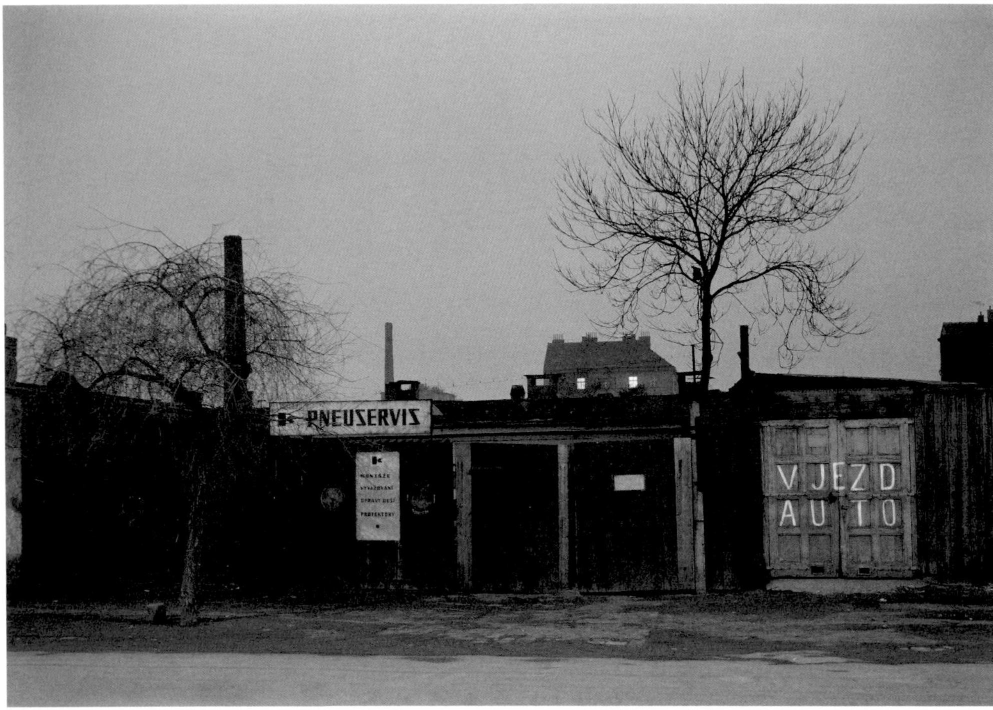

37 **Holešovice – Na maninách** 1979

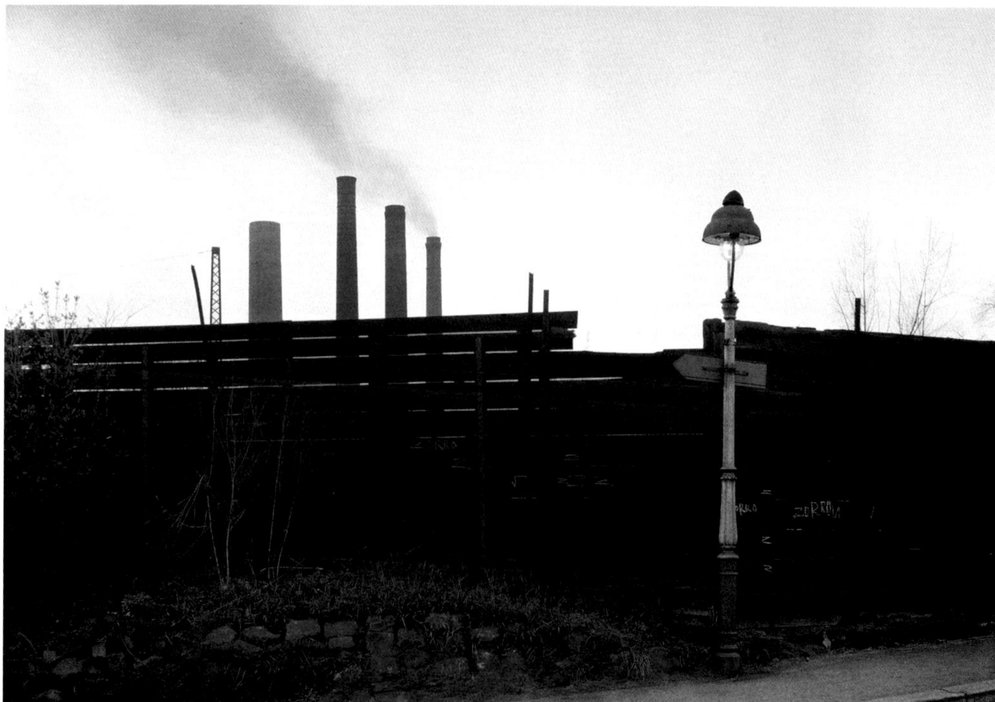

38 **By the Holešovice Heating Plant / U holešovické teplárny** 1978

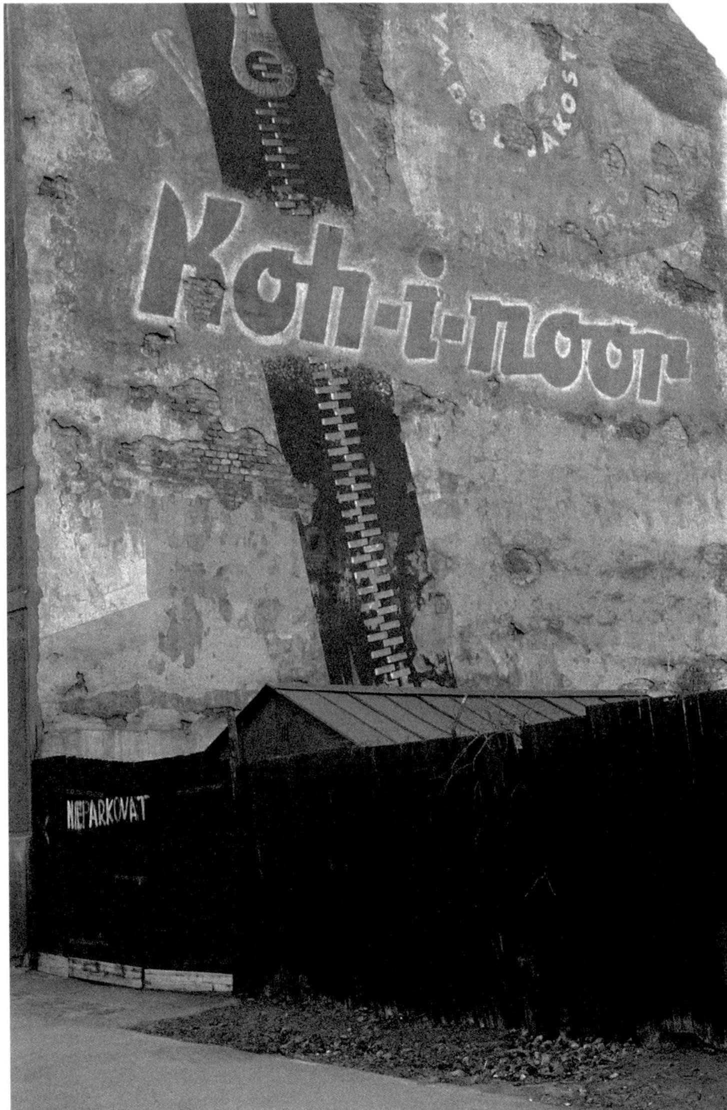

39 **Nusle – Křesomyslova ulice** 1976

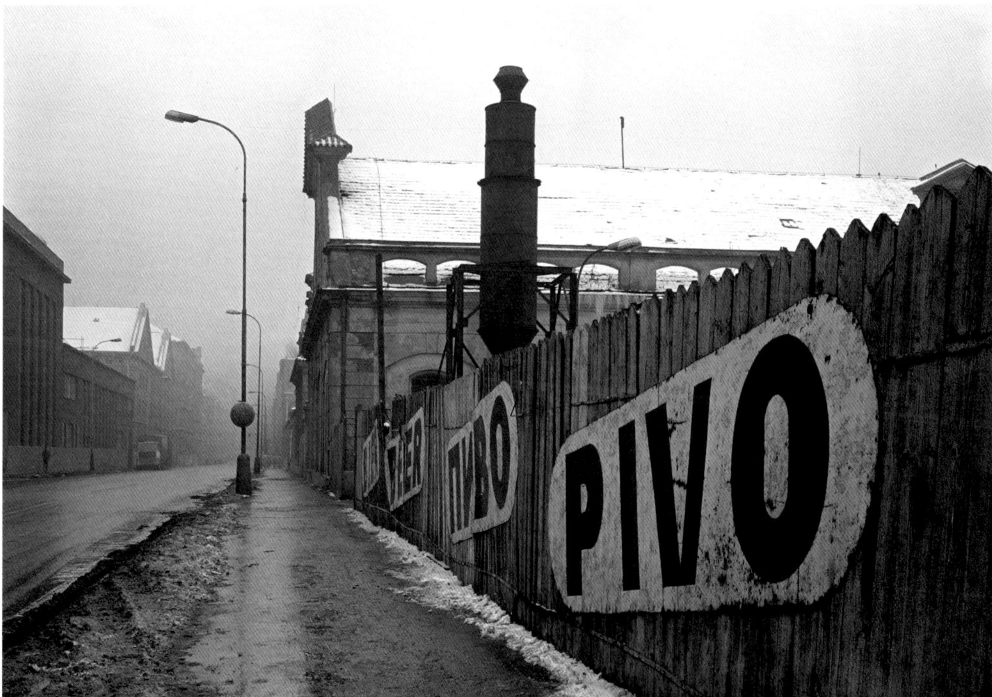

40 **Smíchov – ulice Svornosti** 1979

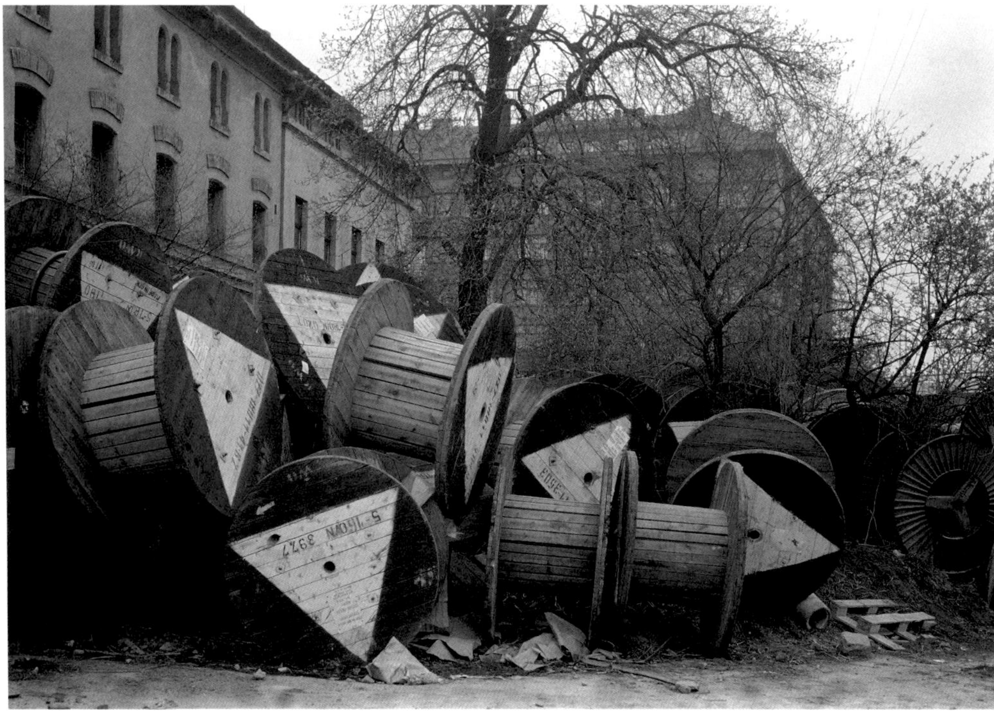

41 **Holešovice – ulice Varholíkova** 1978

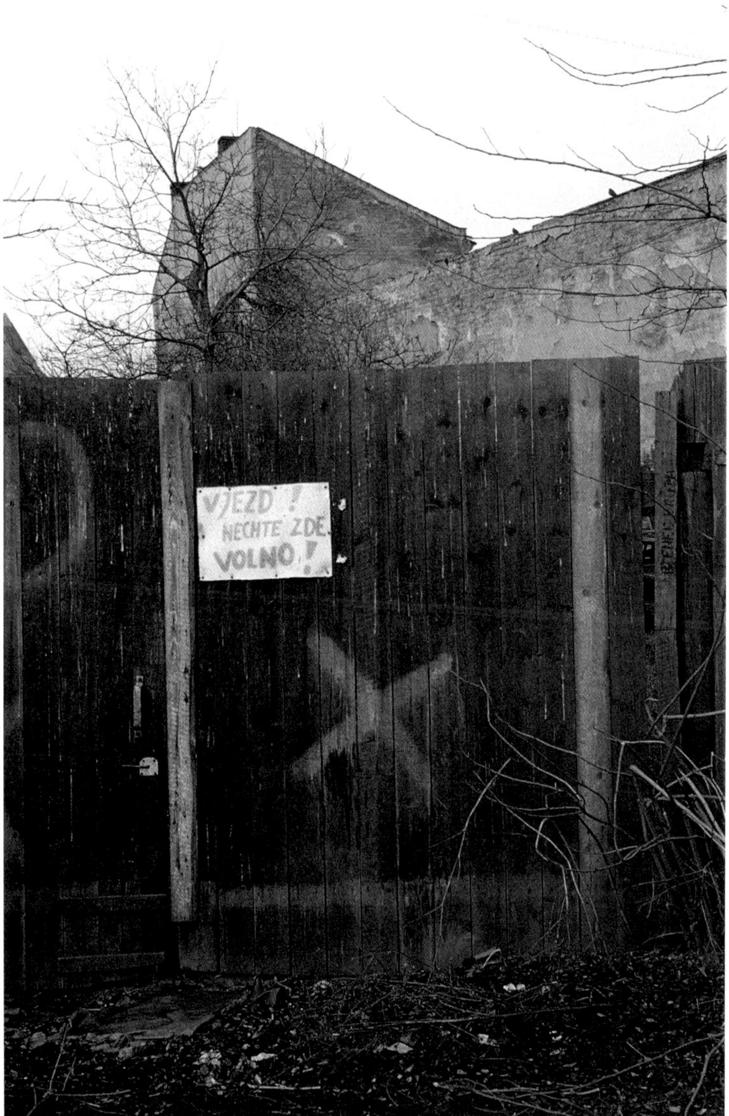

42 **Holešovice – Švábky** 1976

A HOUSE IN THE COUNTRY / DŮM V KRAJINĚ

INTERIORS / INTERIÉRY, 1975–78
PUBS / HOSPODY, 1978–82
COUNTRYSIDE / KRAJINA, 1980–90
FAMILY / RODINA, 1982–92

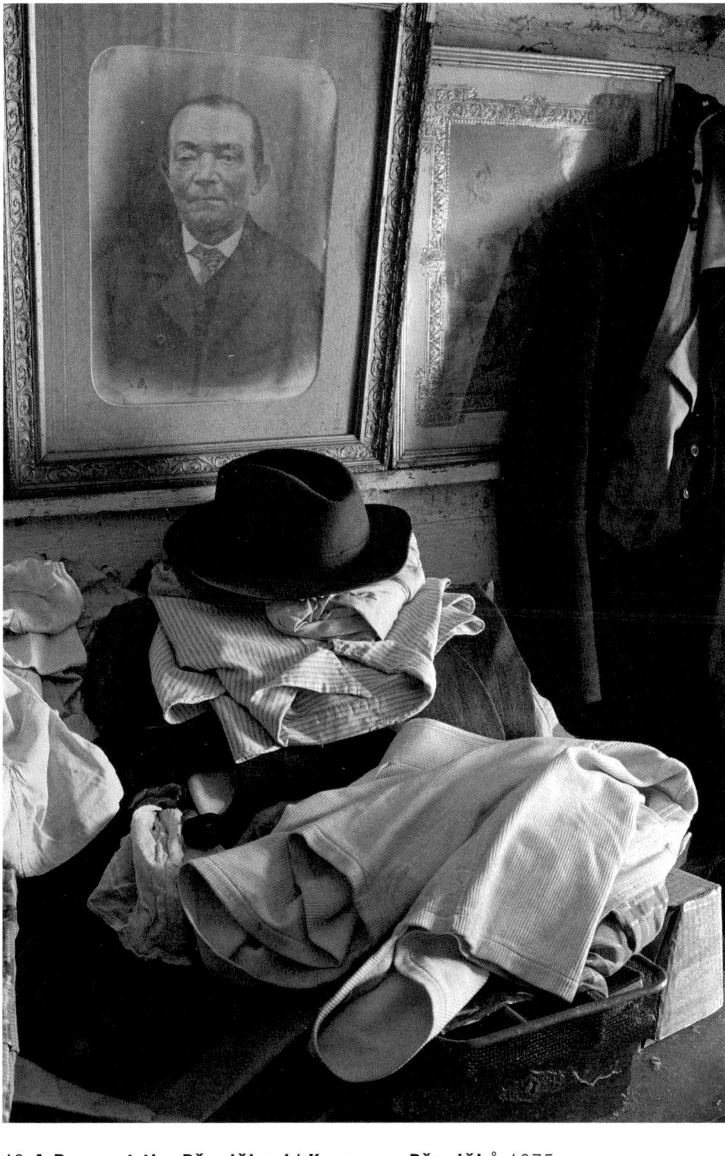

43 **A Room at the Pšeničkas' / Komora u Pšeničků** 1975

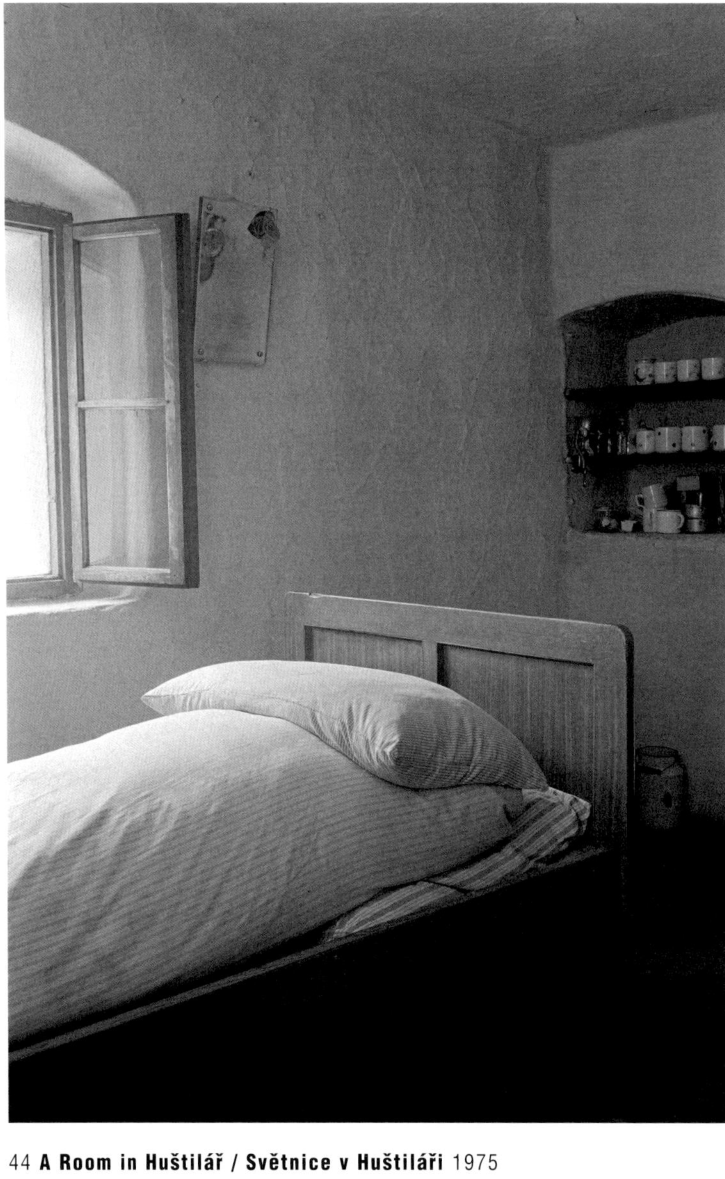

44 **A Room in Huštilář / Světnice v Huštiláři** 1975

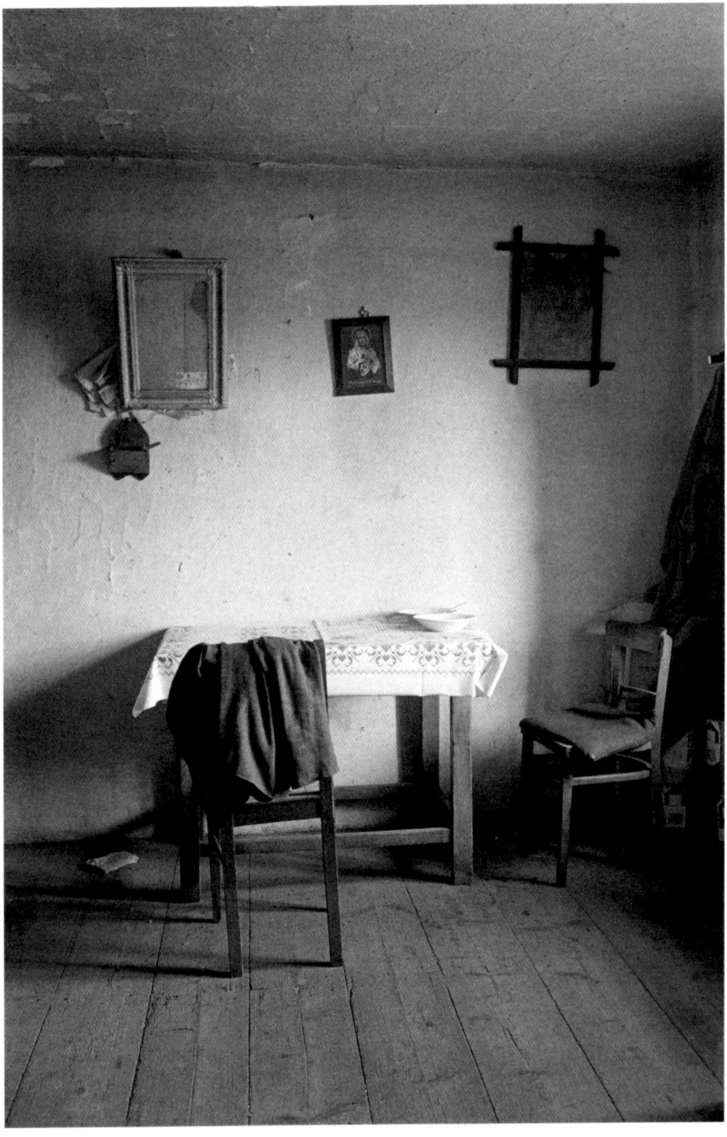

45 **At the Jiráseks' in Libčice / V Libčicích u Jirásků** 1975

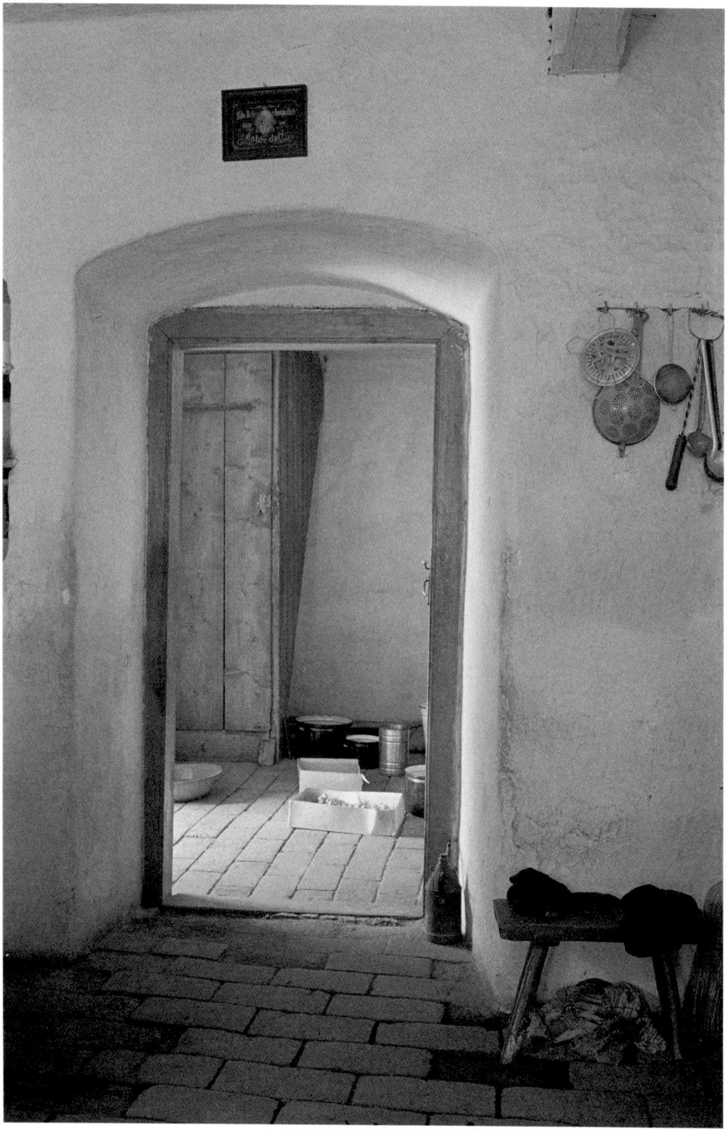

46 **Front Hall in Myslkov / Předsíň v Myslkově** 1975

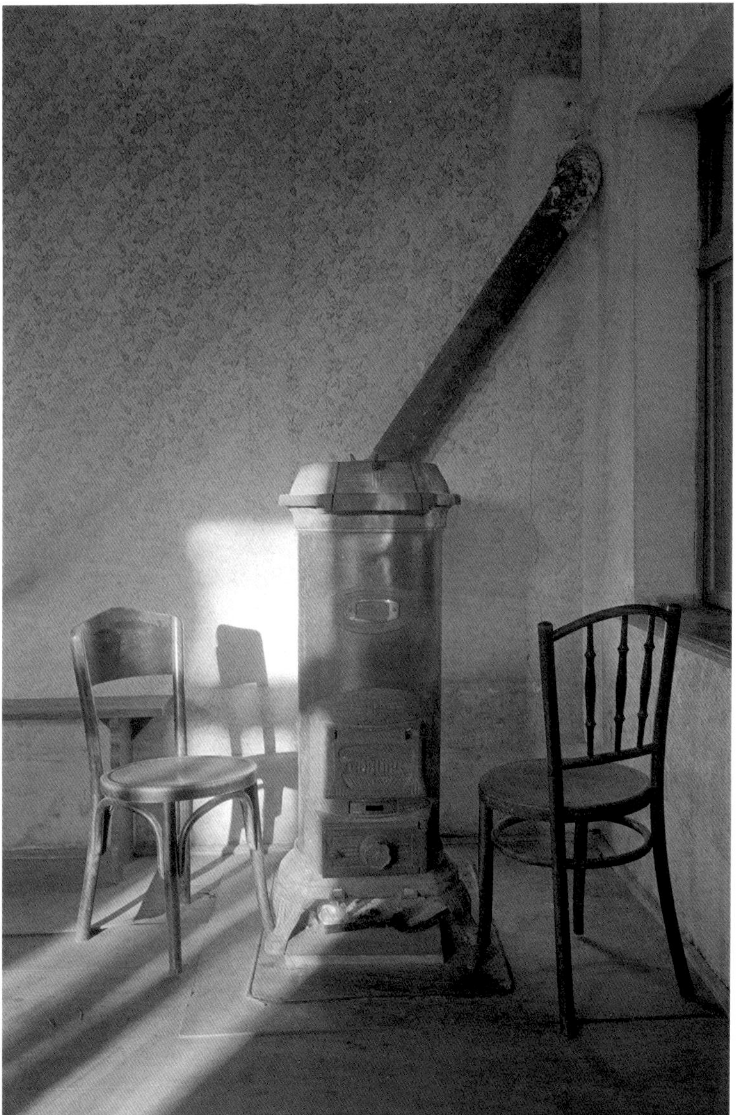

47 **Stove in the Obděnice Pub / Kamna v obděnické hospodě** 1977

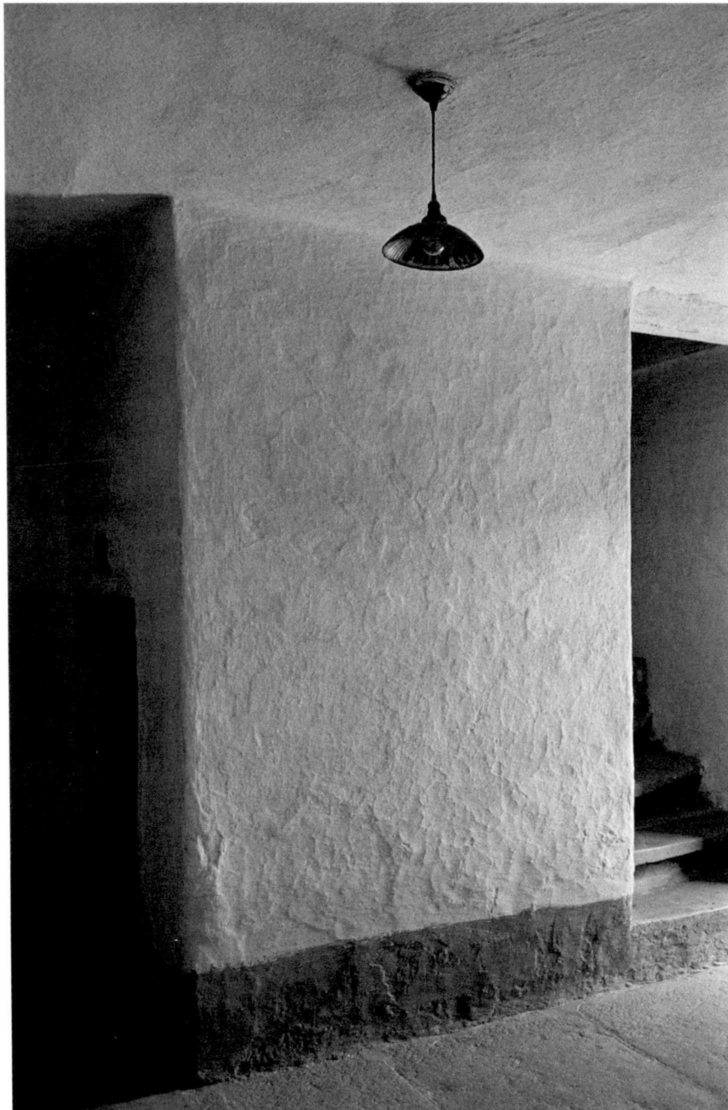

48 **Corridor of the Obděnice Pub / Chodba obděnické hospody** 1975

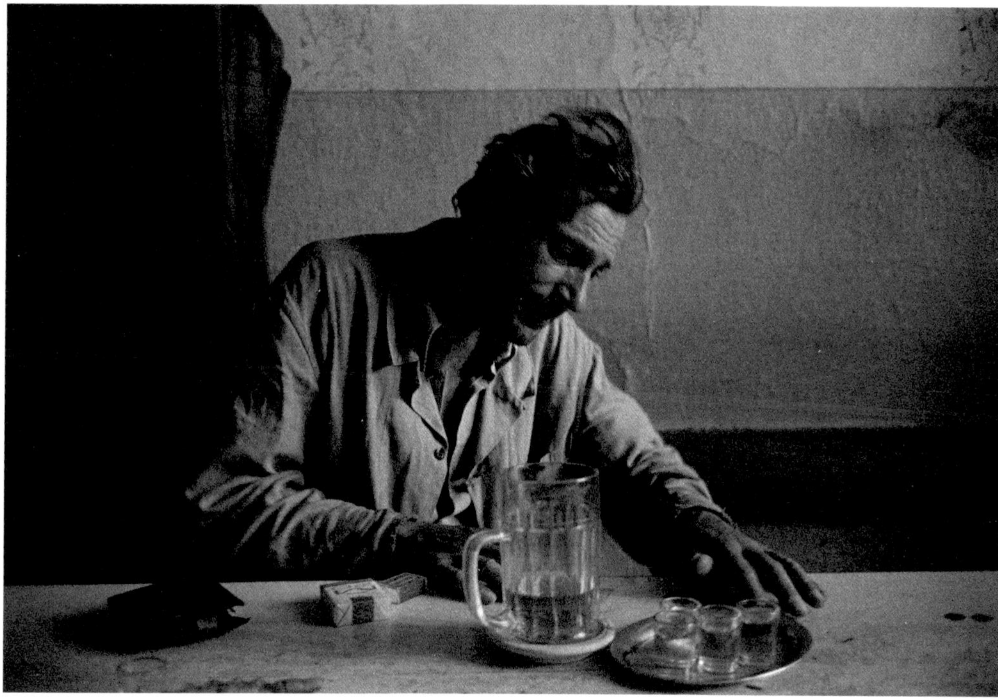

49 **The Fox / Lišák** 1982

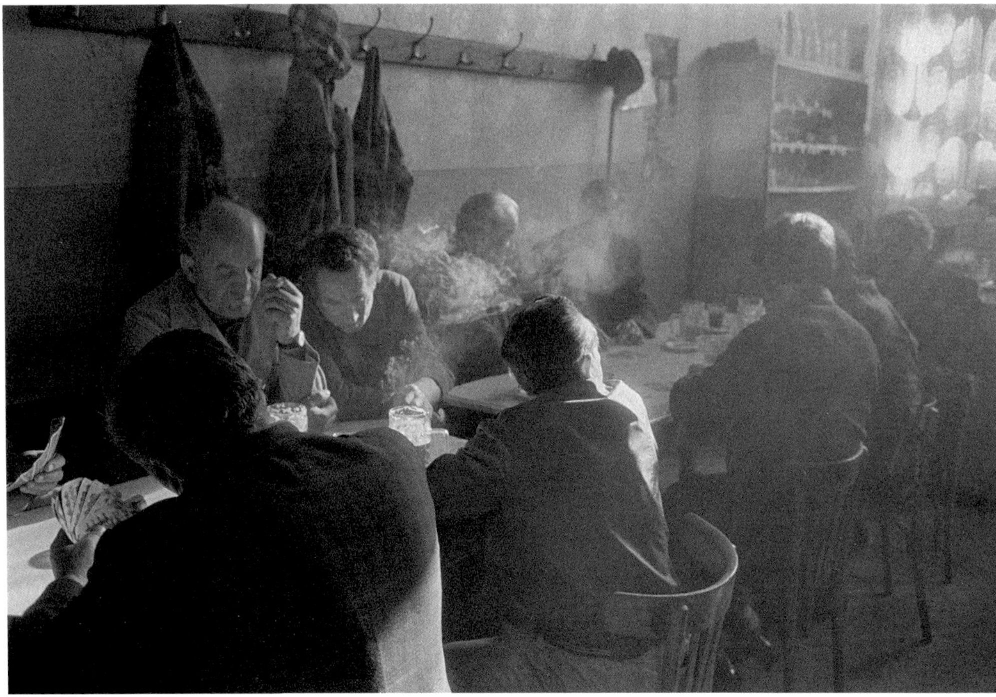

50 **Sunday in Nechvalice / Neděle v Nechvalicích** 1982

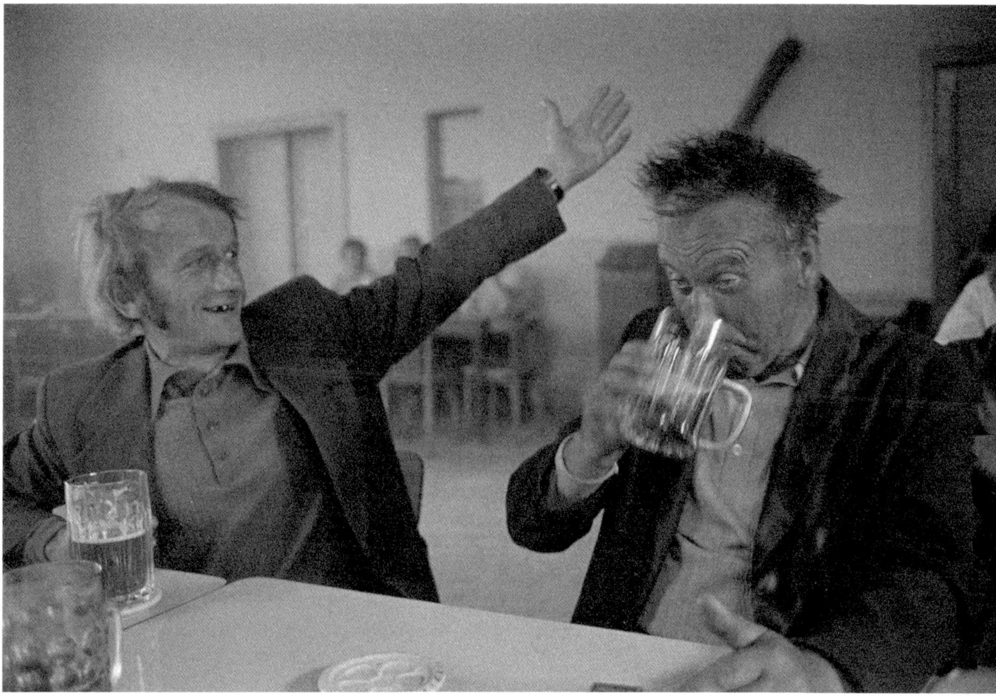

51 **In the Nechvalice Pub during the Fair / O pouti v nechvalické hospodě** 1982

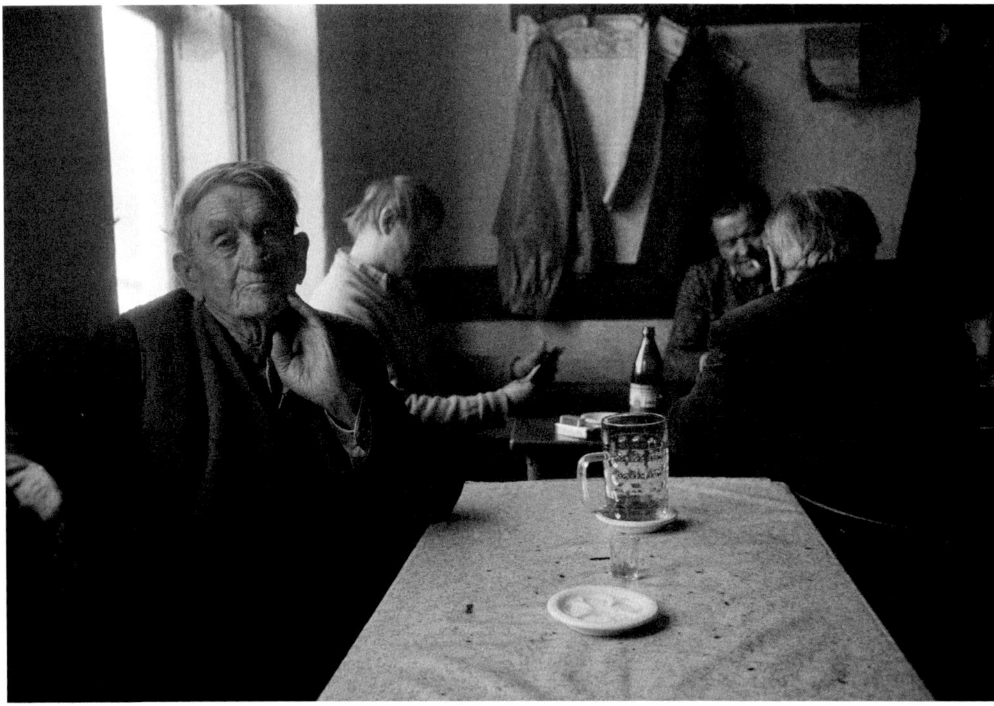

52 **Mr. Dvořák from Myslkov / Pan Dvořák z Myslkova** 1978

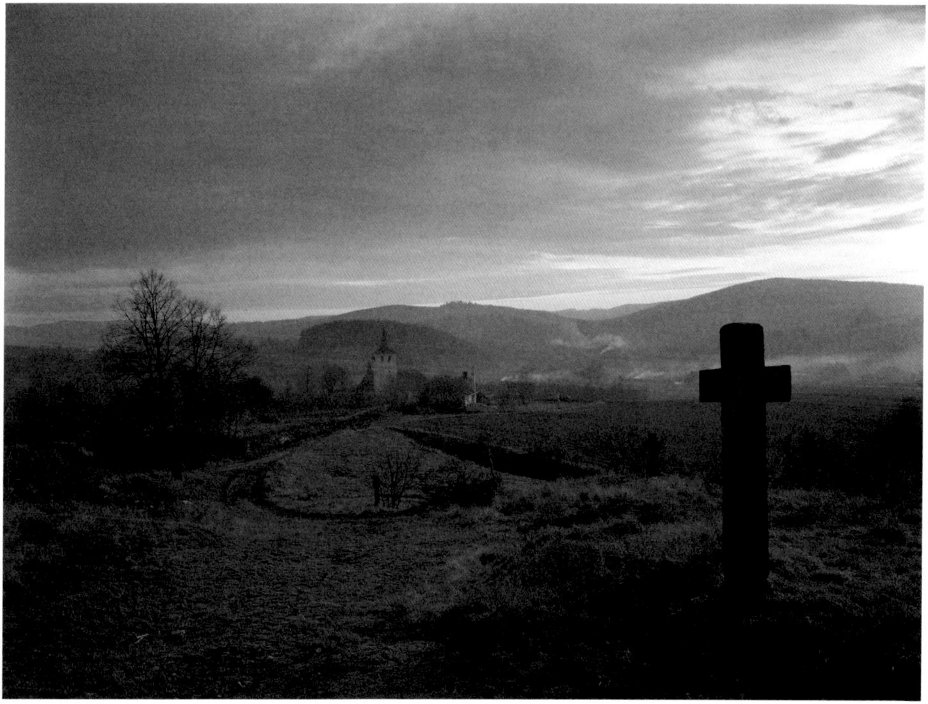

53 **Jesenice** 1983

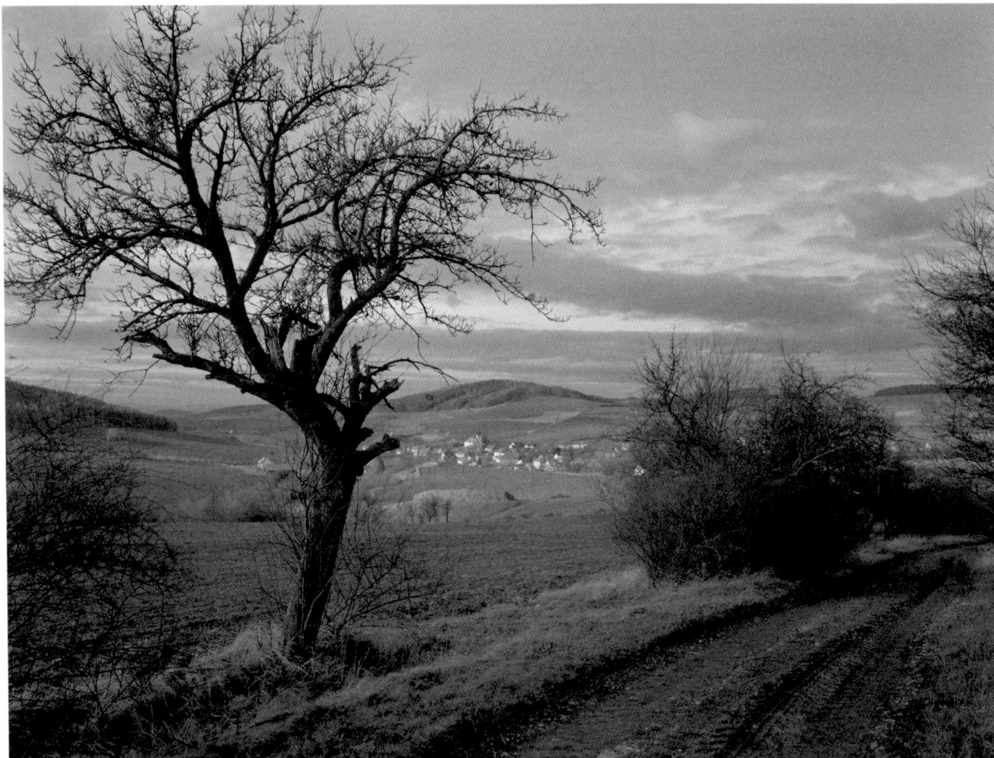

54 **The Road to Počepice / Cesta do Počepic** 1983

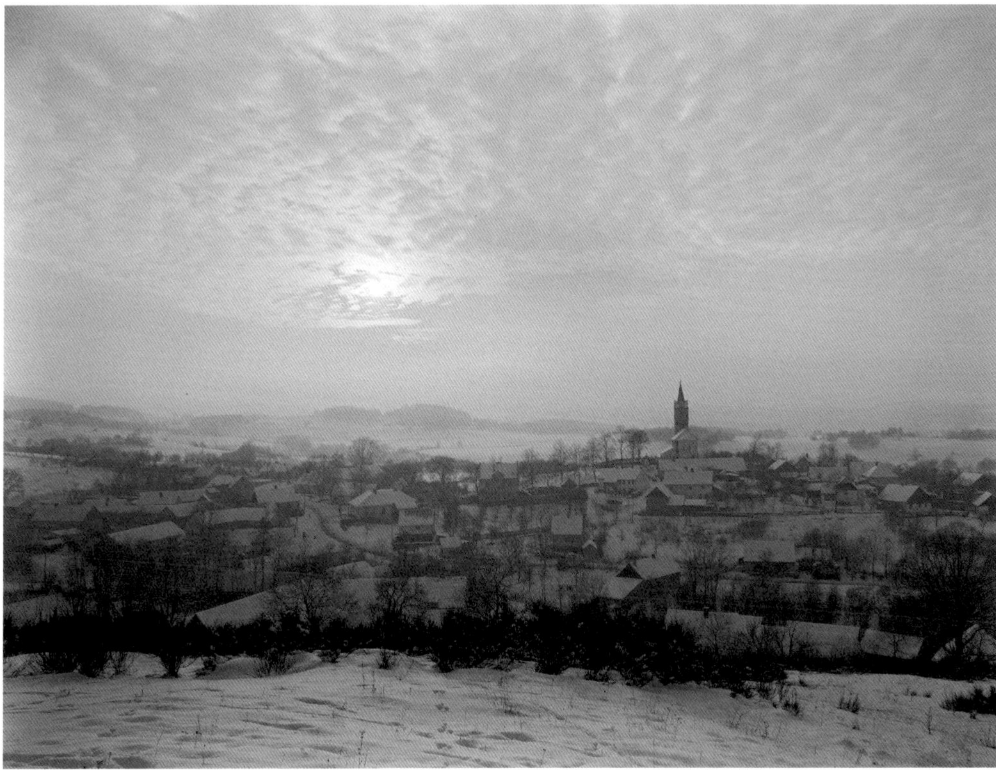

55 **Obděnice in Winter / Obděnice v zimě** 1981

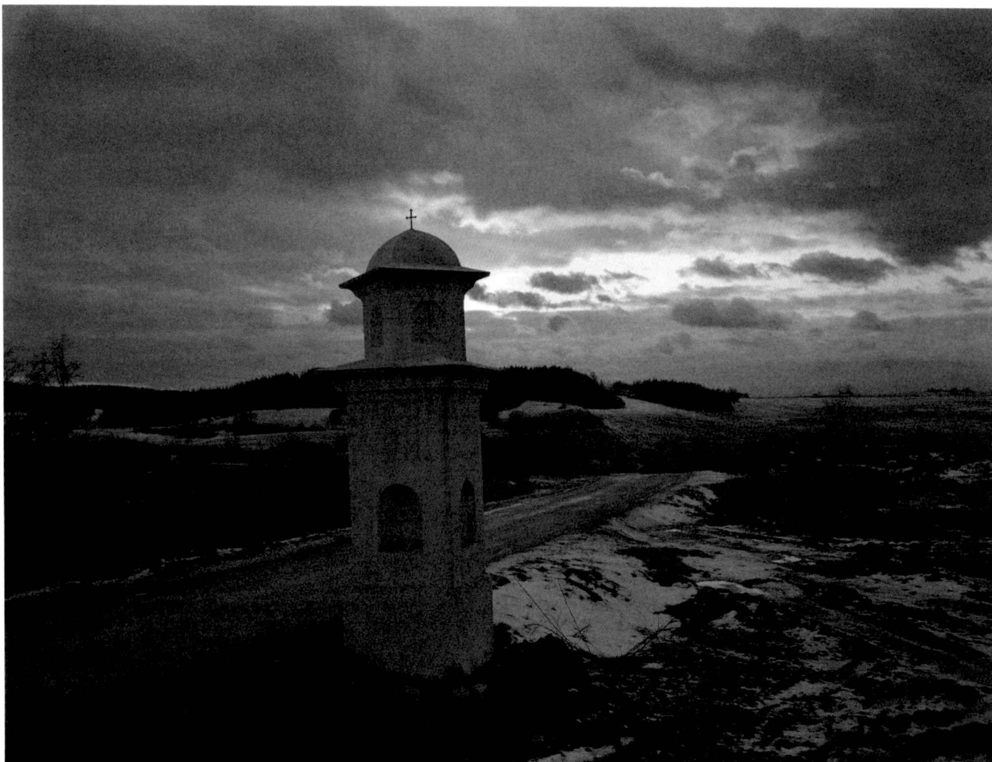

56 **Dubová draha** 1983

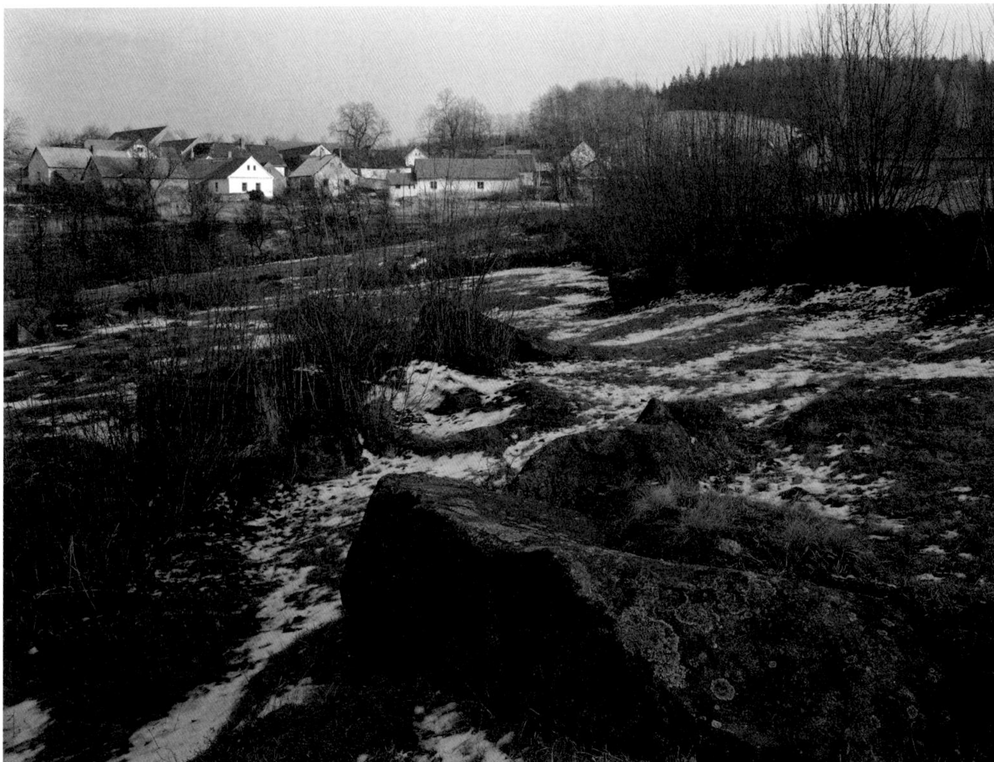

57 **Myslkov** 1983

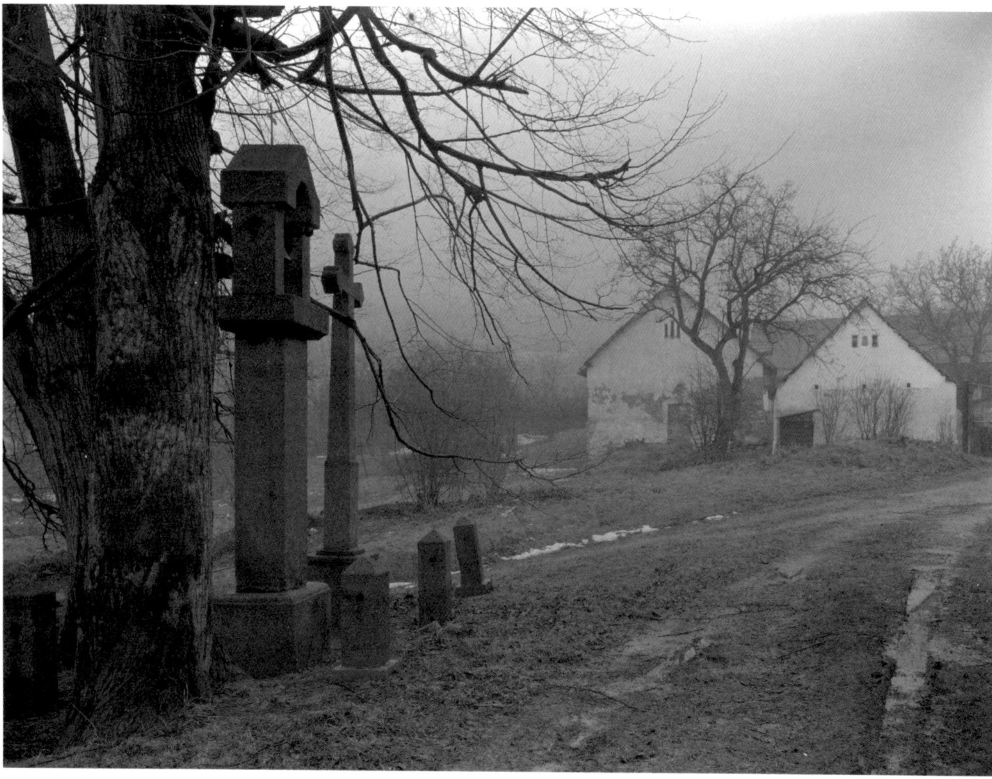

58 **The Village Green in Křemenice / Náves v Křemenici** 1986

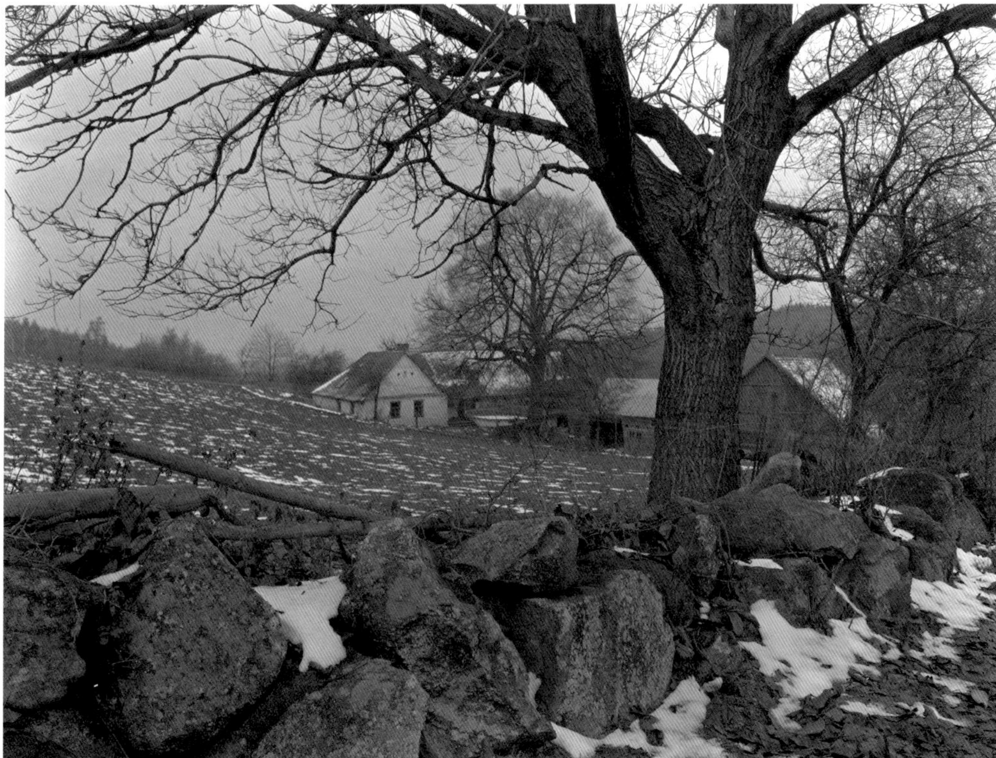

59 **Hrby** 1981

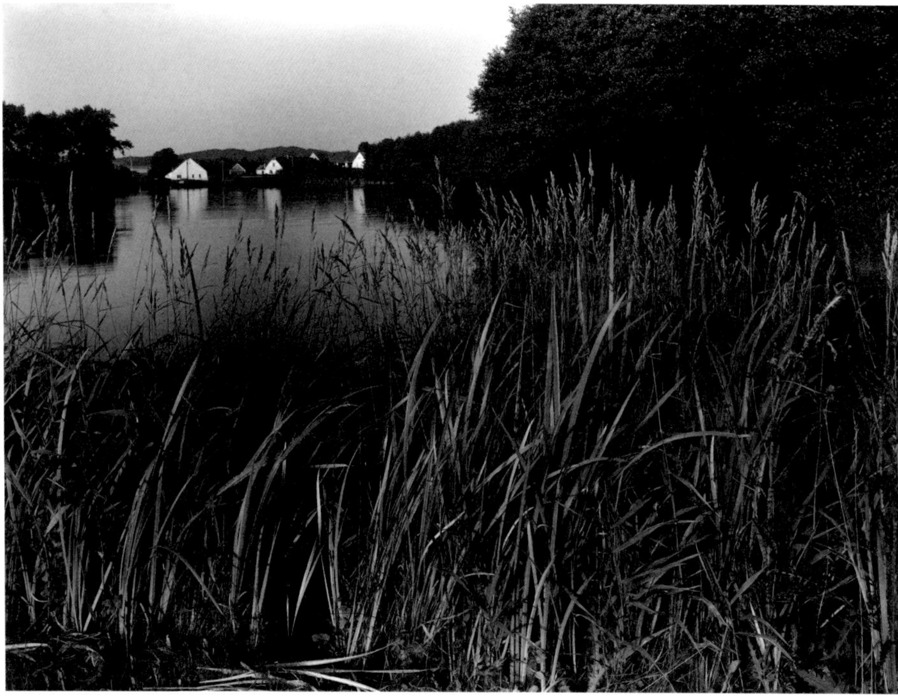

60 **Trkov** 1984

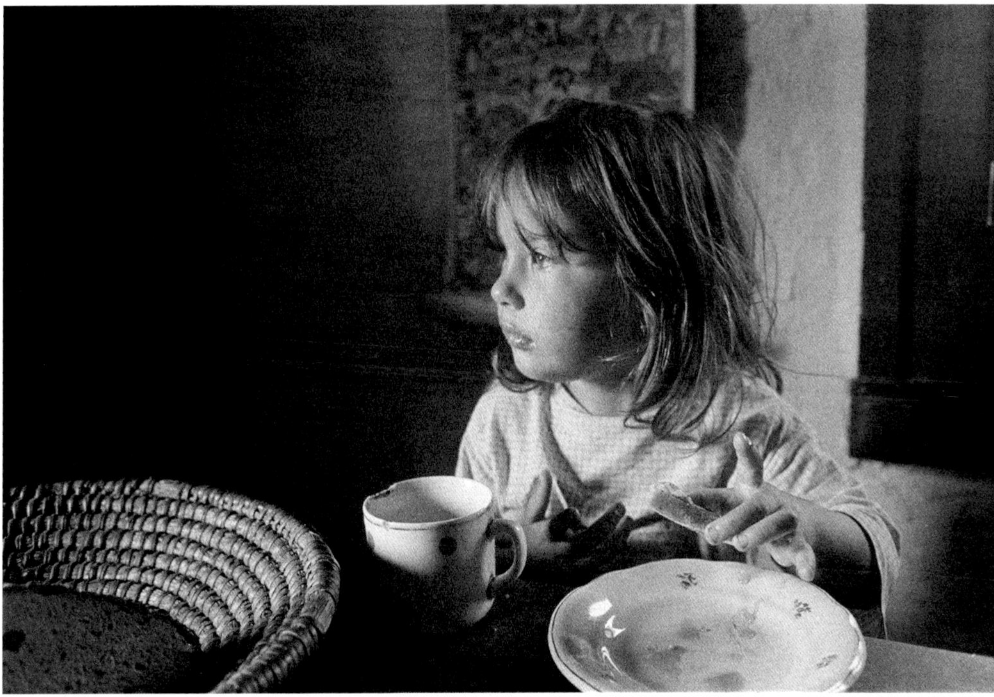

61 **Bread and Honey / Chleba s medem** 1984

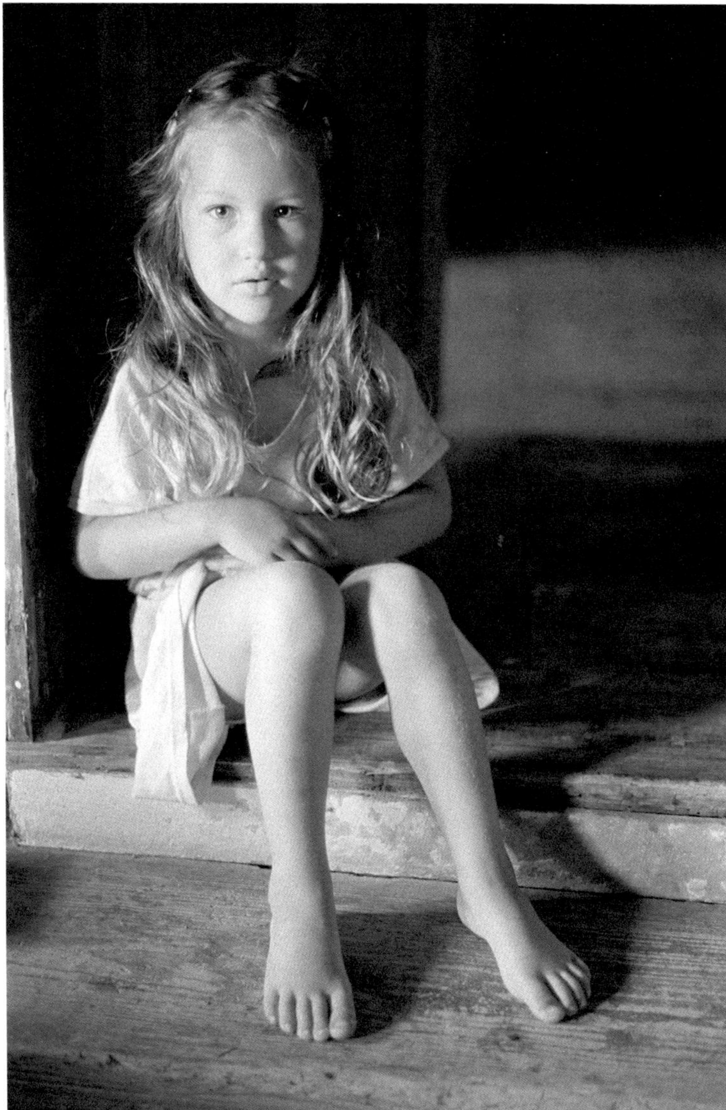

62 **Kačenka** 1988

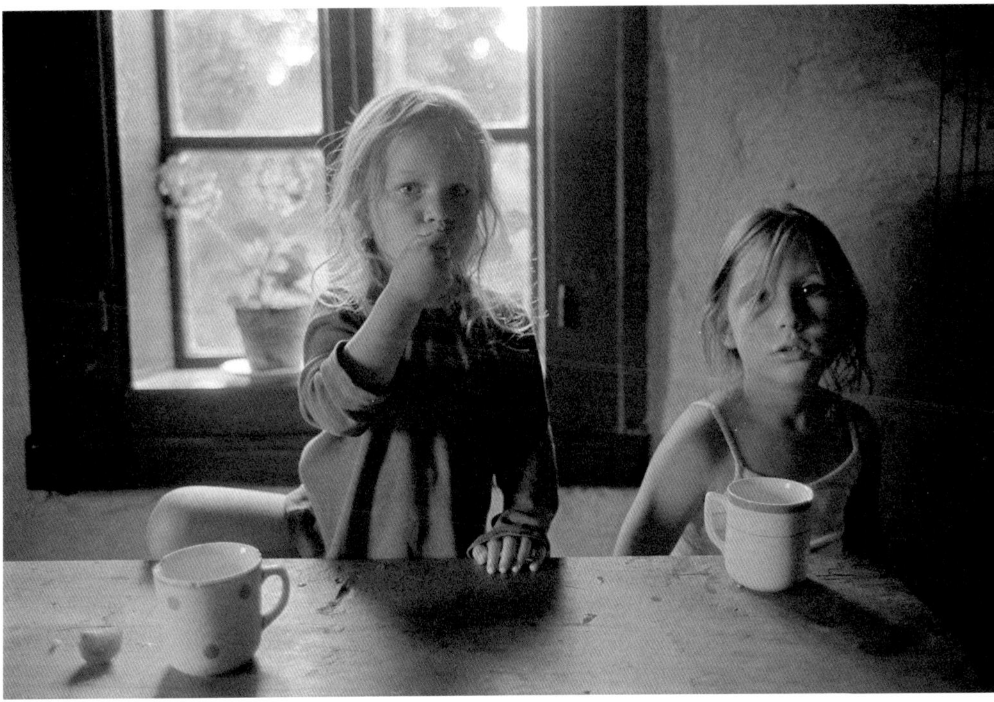

63 **Breakfast in Křemenice / Snídaně v Křemenici** 1987

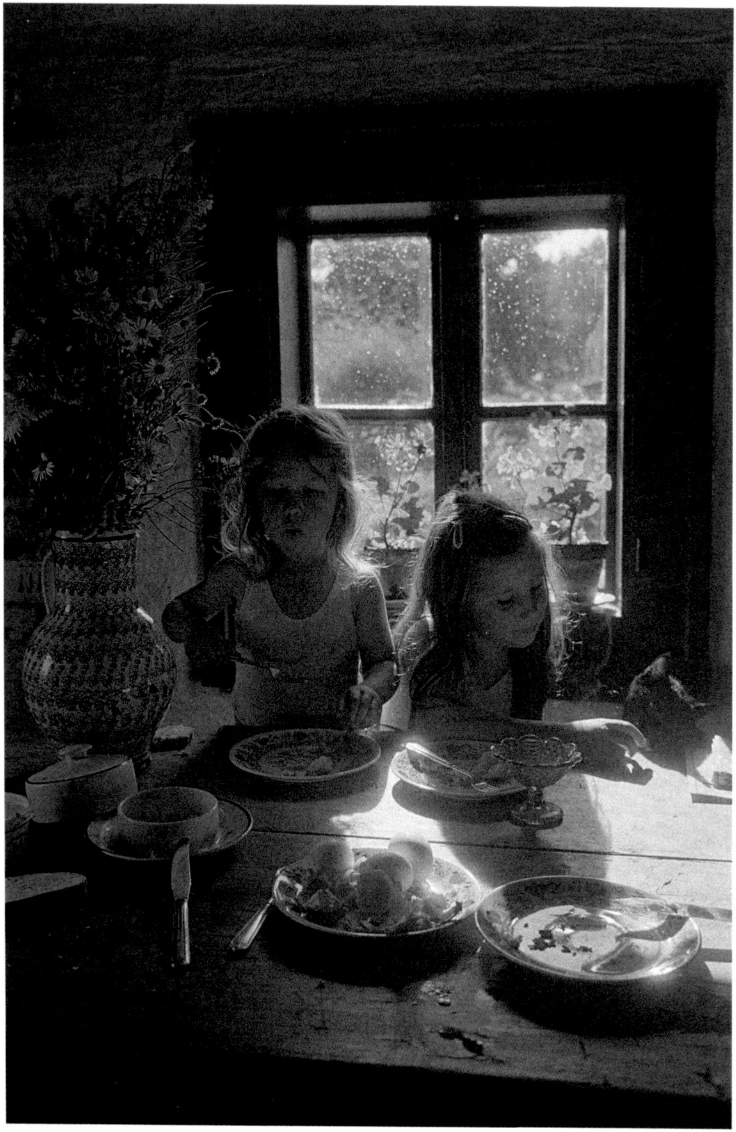

64 **Summer Supper / Letní večeře** 1987

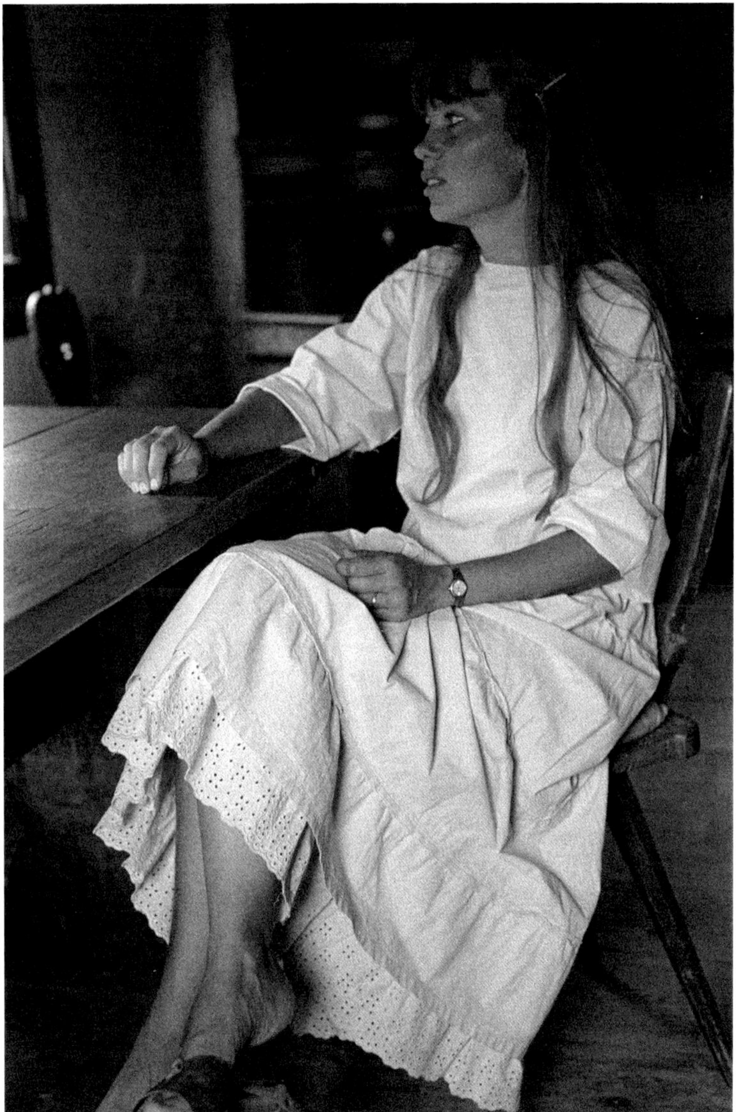

65 **Jana** 1986

PRAGUE / PRAHA, 1980–2000

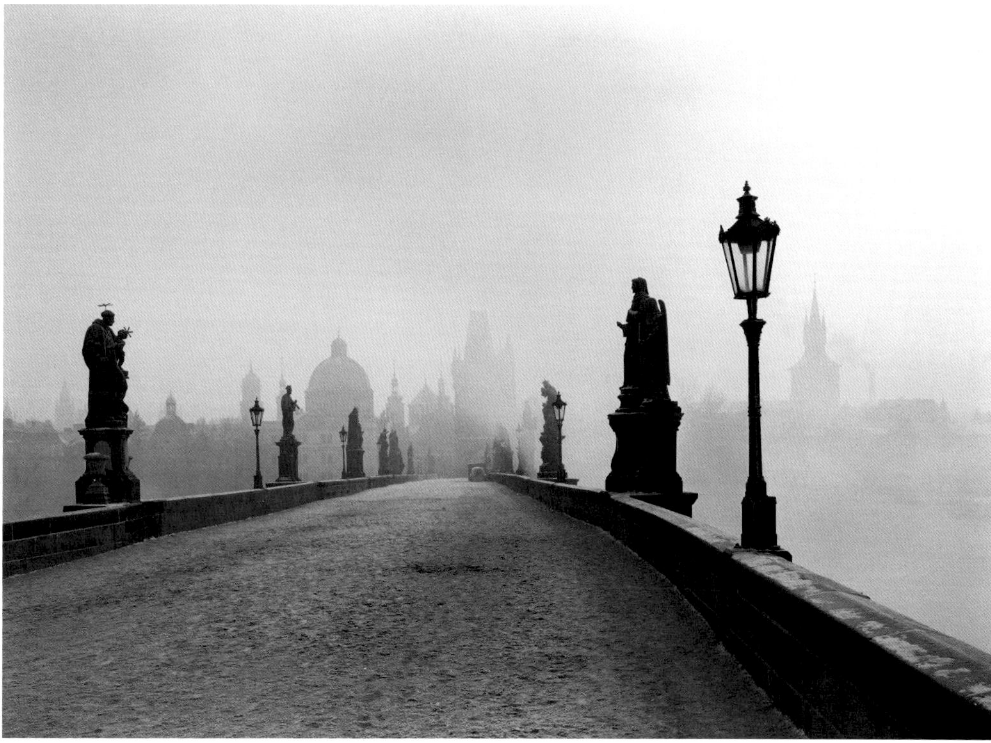

66 **Charles Bridge / Karlův most** 1986

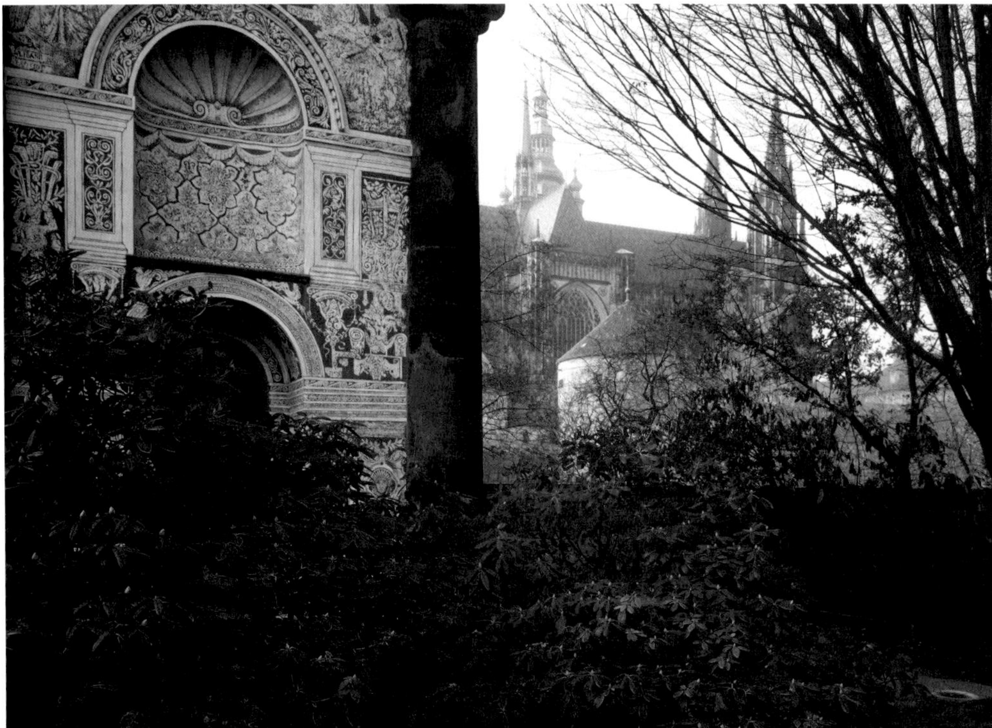

67 **The Royal Tennis Court, the Royal Garden / Míčovna v Královské zahradě** 1992

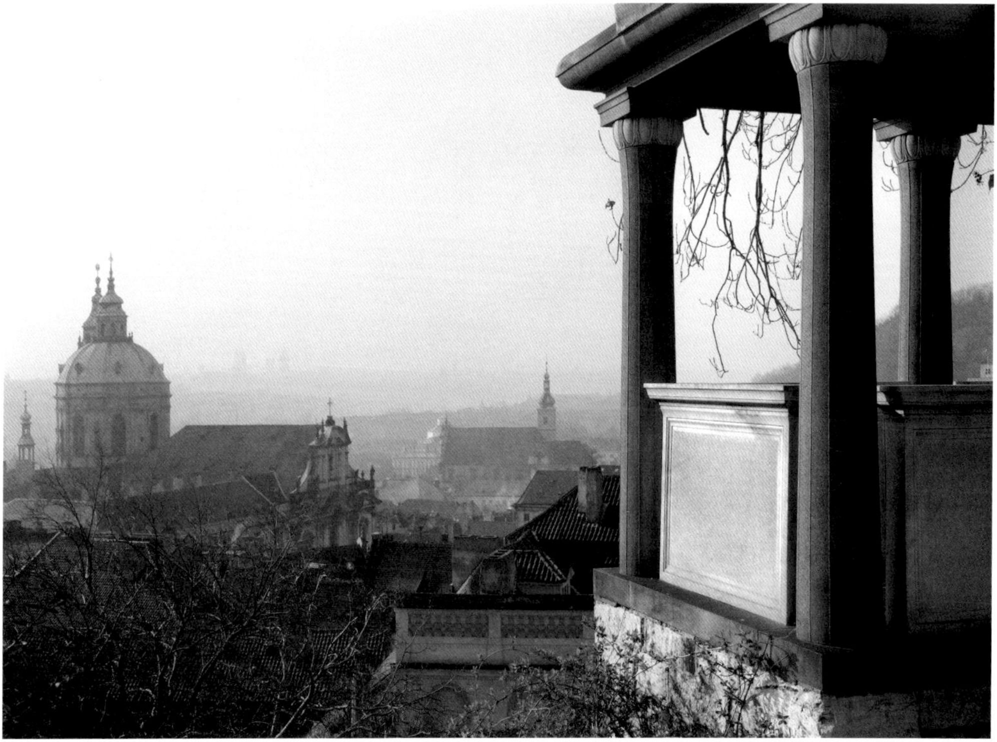

68 **Gazebo, the Garden on the Ramparts / Vyhlídkový altán v zahradě Na valech** 1992

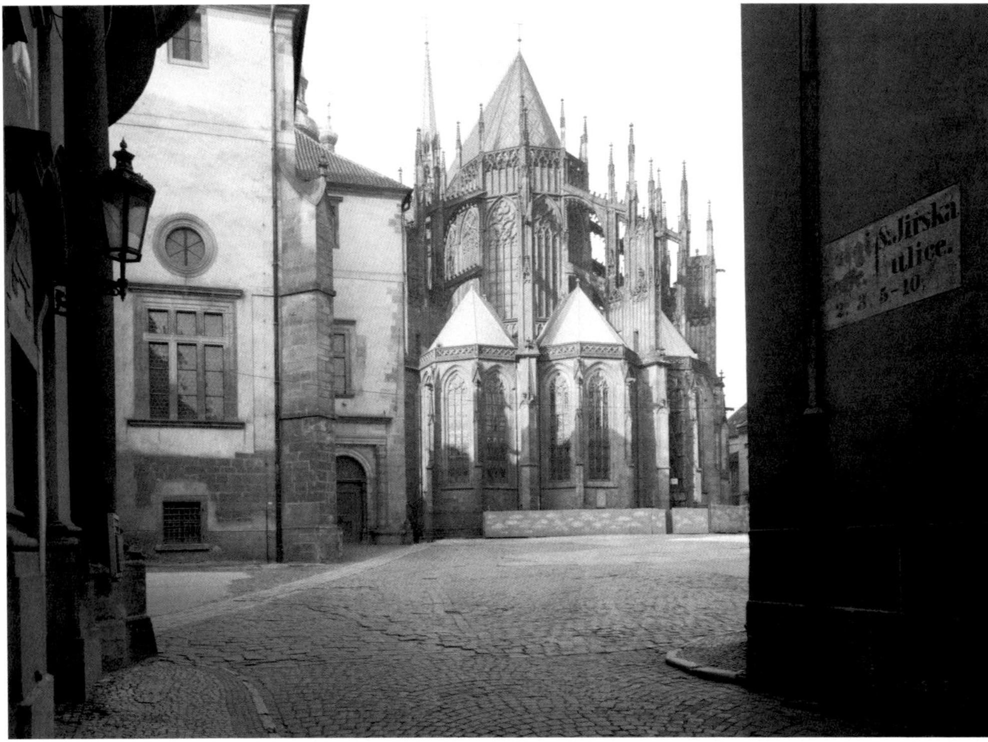

69 **St. Vitus's Cathedral, from Jiřská ulice / Chrám sv. Víta z Jiřské ulice** 1992

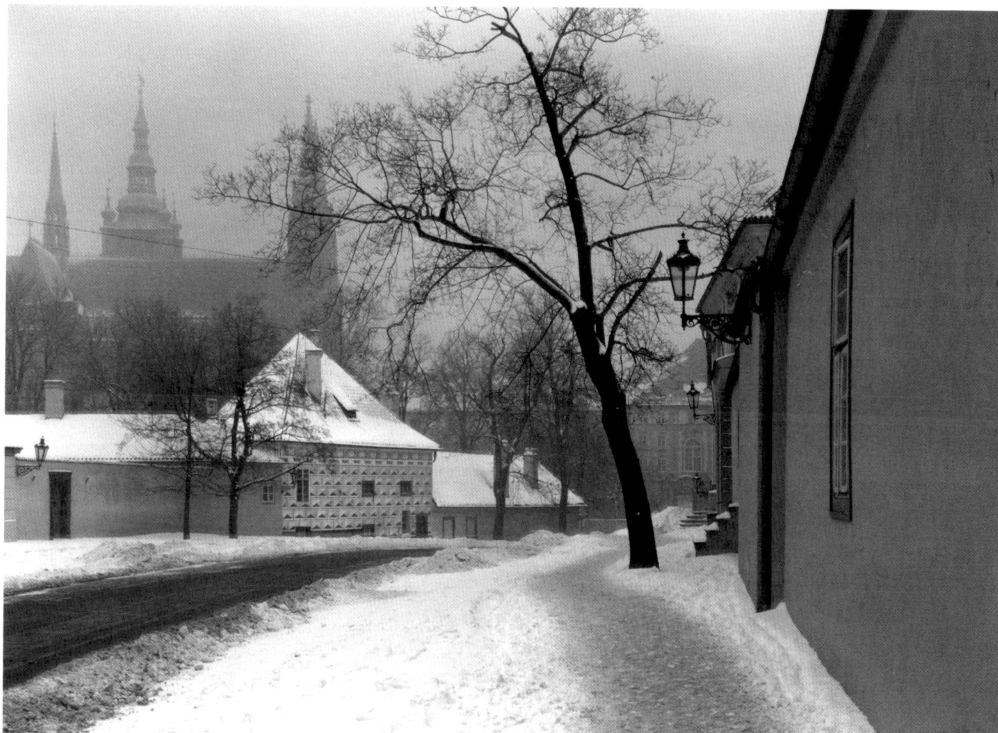

70 **By the Powder Bridge / U Prašného mostu** 1986

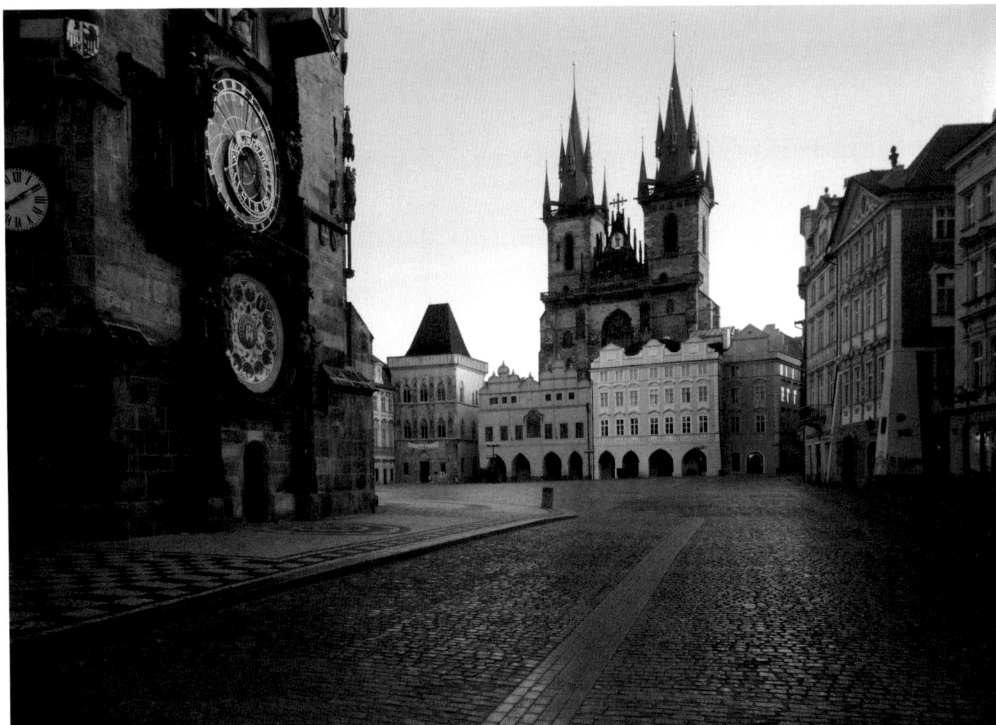

71 **Old Town Square / Staroměstské náměstí** 1993

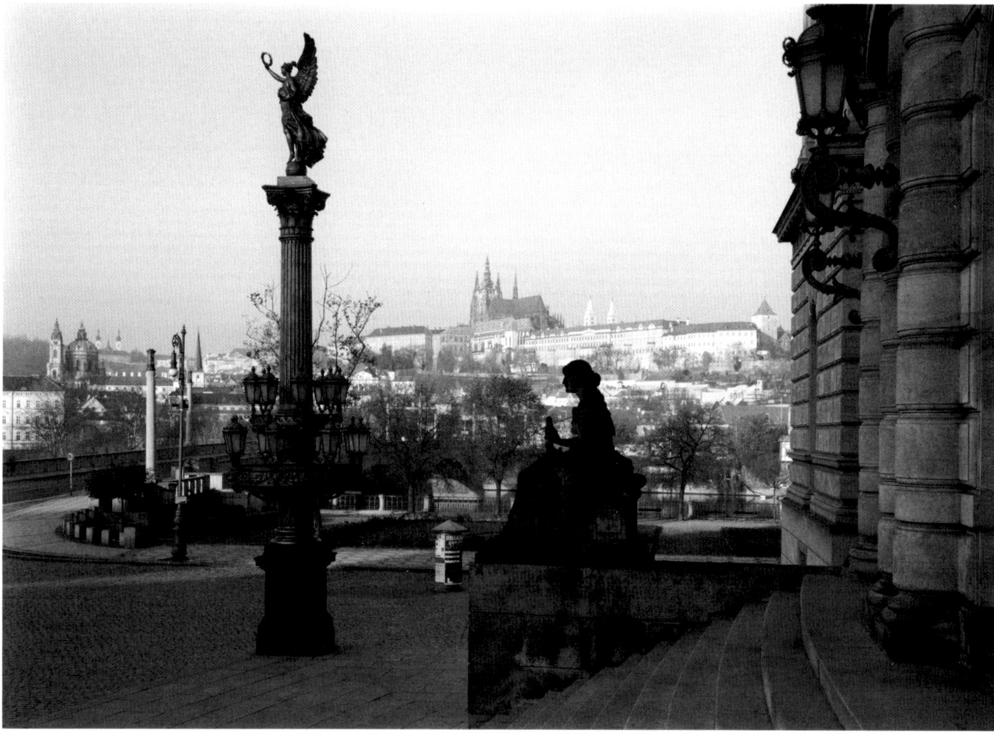

72 **By the Rudolfinum / U Rudolfina** 2000

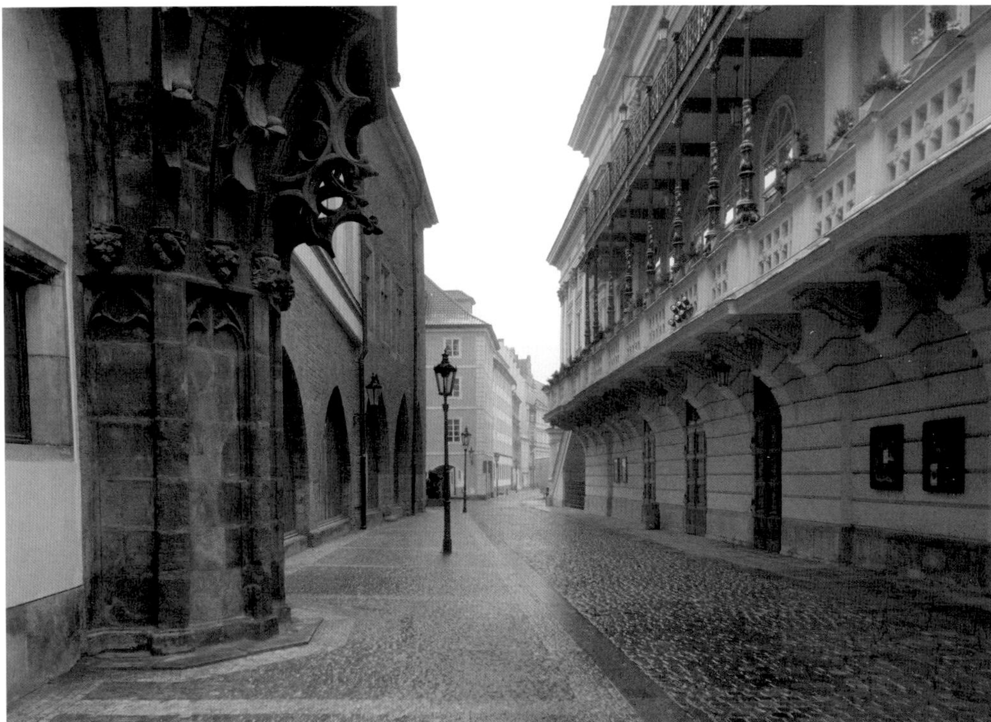

73 **The Estates' Theater and the Carolinum / Stavovské divadlo a Karolinum** 1993

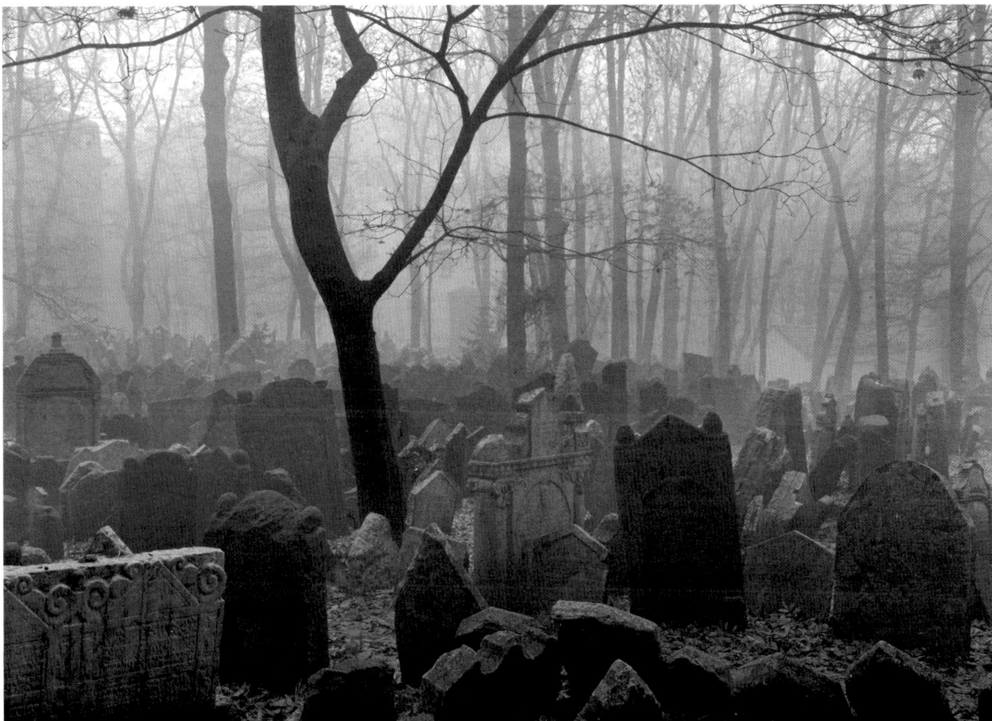

74 **The Old Jewish Cemetery / Starý židovský hřbitov** 1992

BOHEMIA, 1994–2004

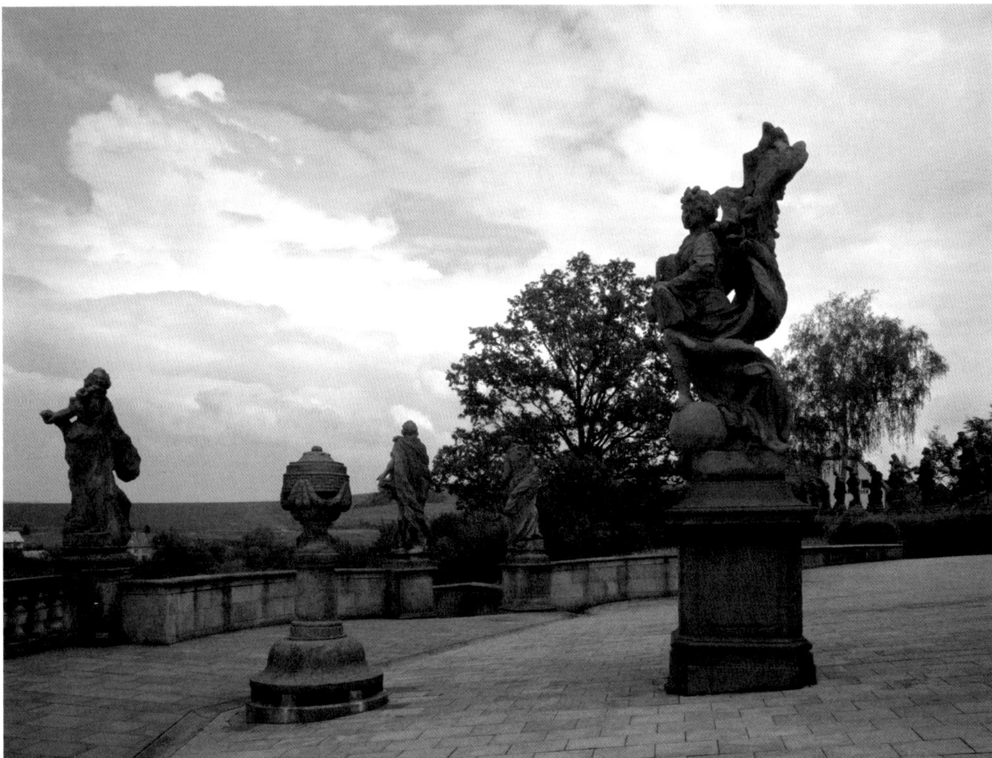

75 **Kuks** 1995

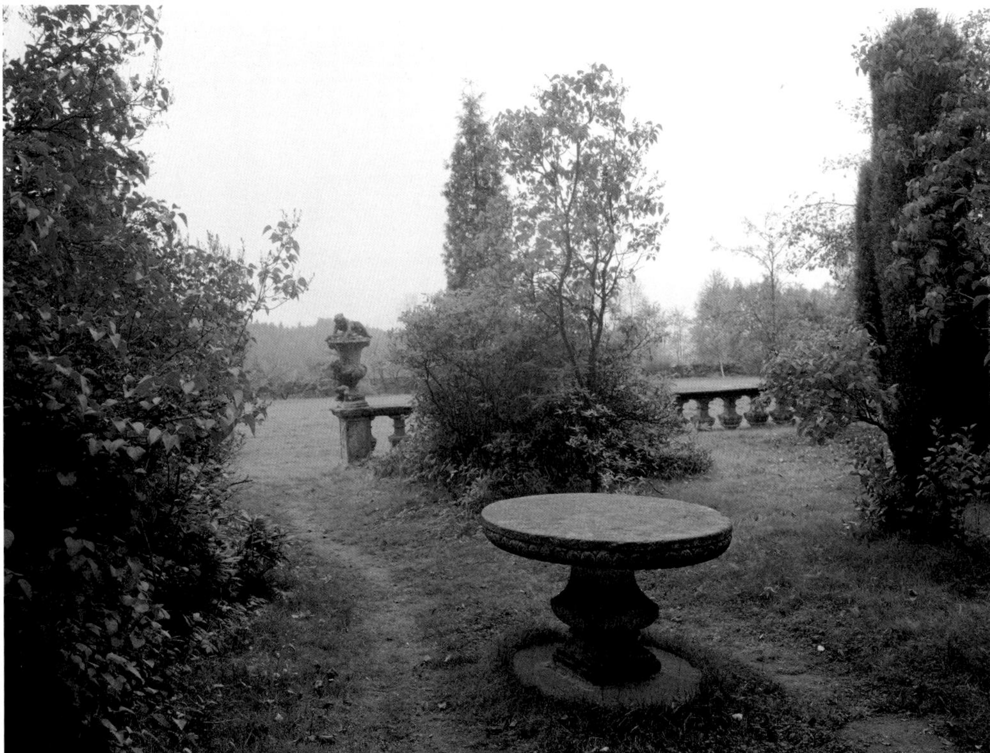

76 **Lemberk** 1995

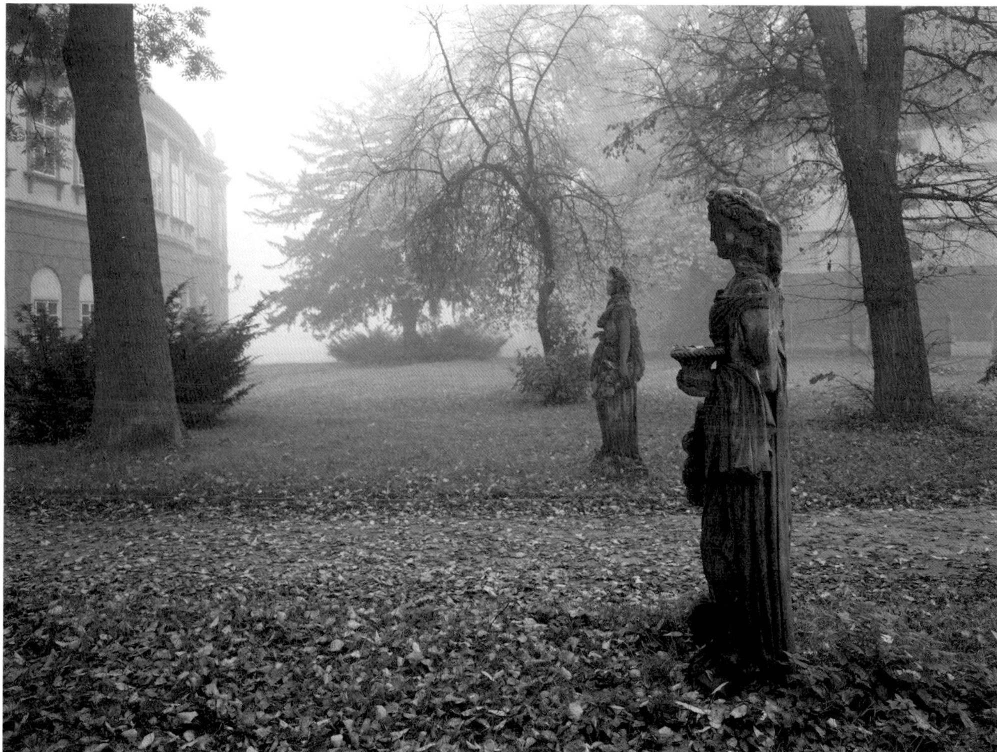

77 **Liběchov** 1995

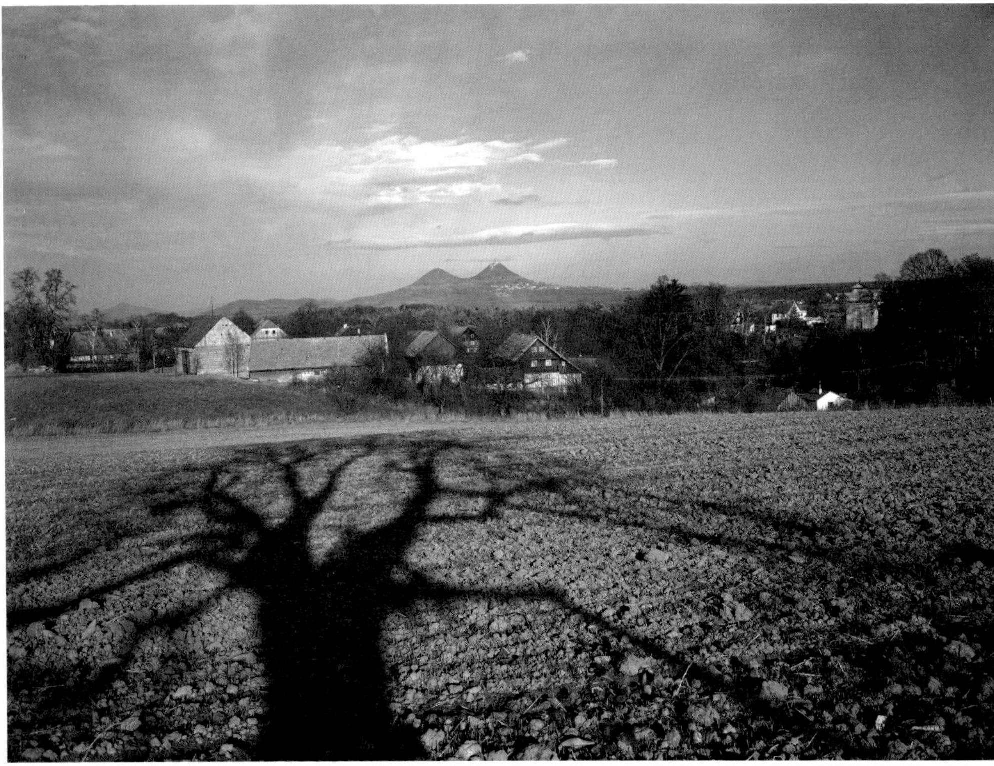

78 **Bezděz** 1996

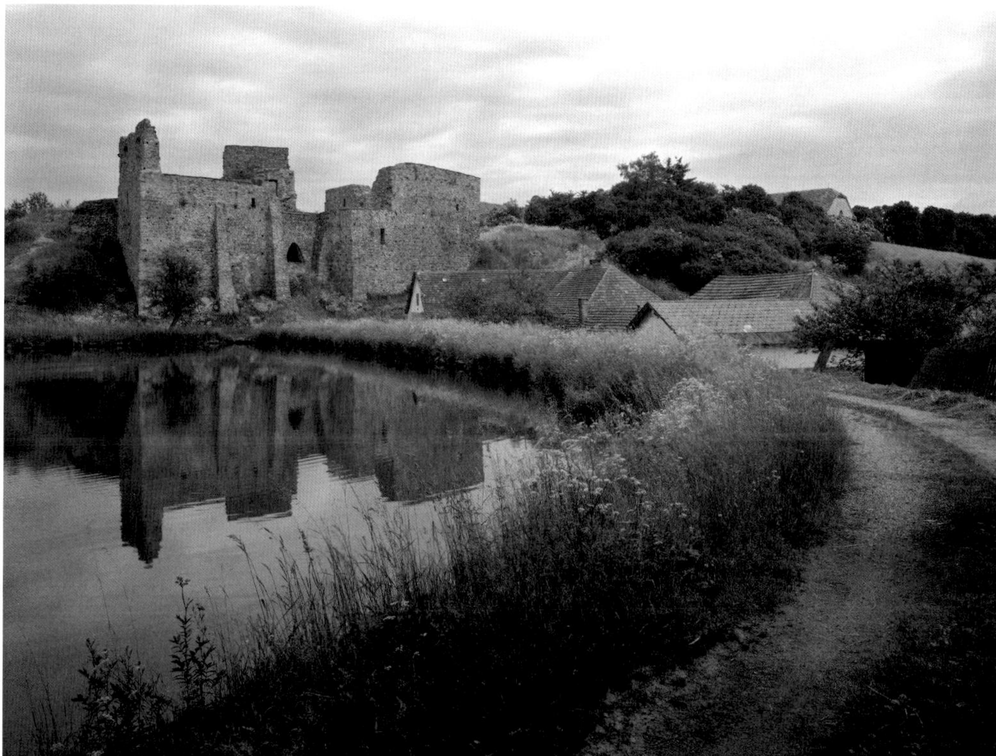

79 **Borotín** 1997

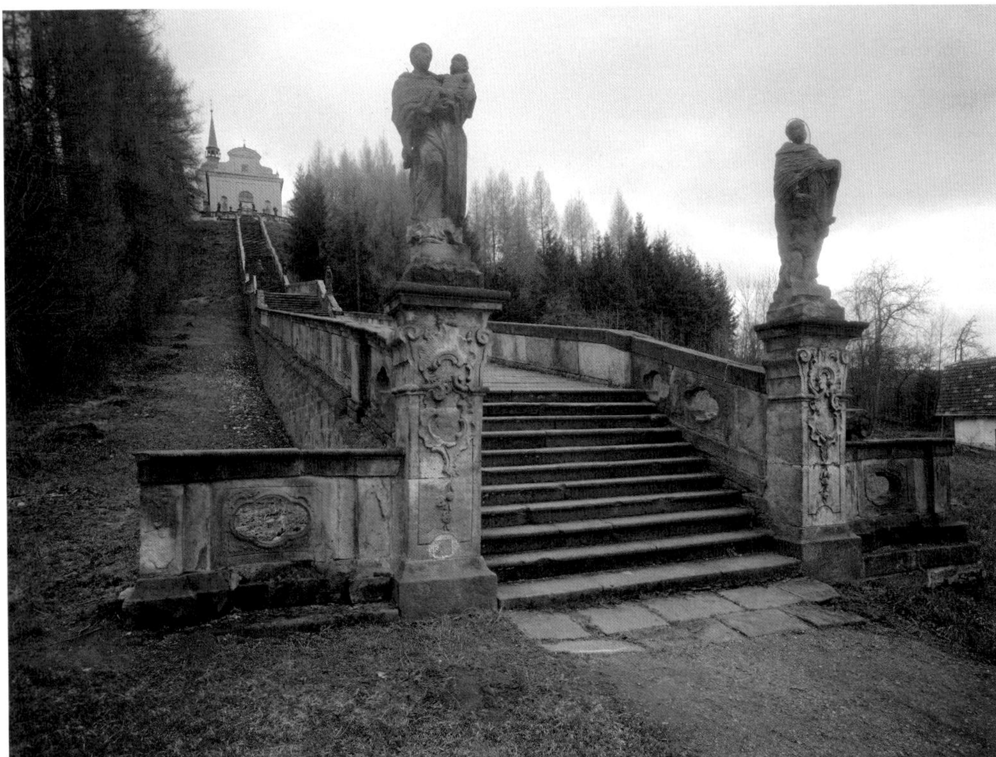

80 **Homole** 2004

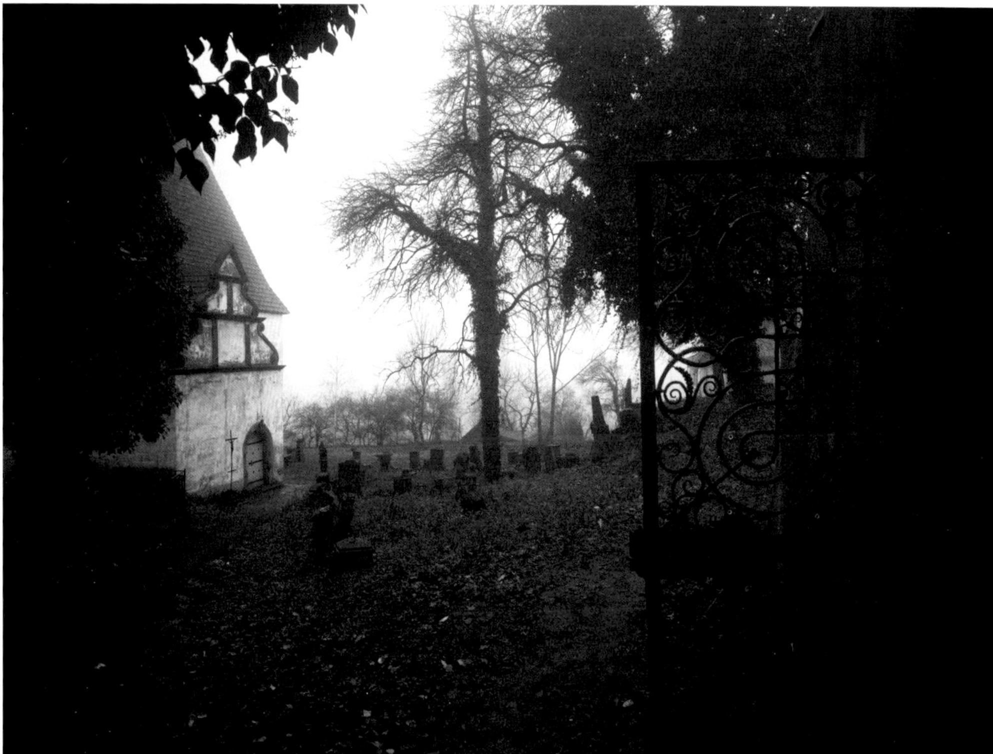

81 **Krupka** 2002

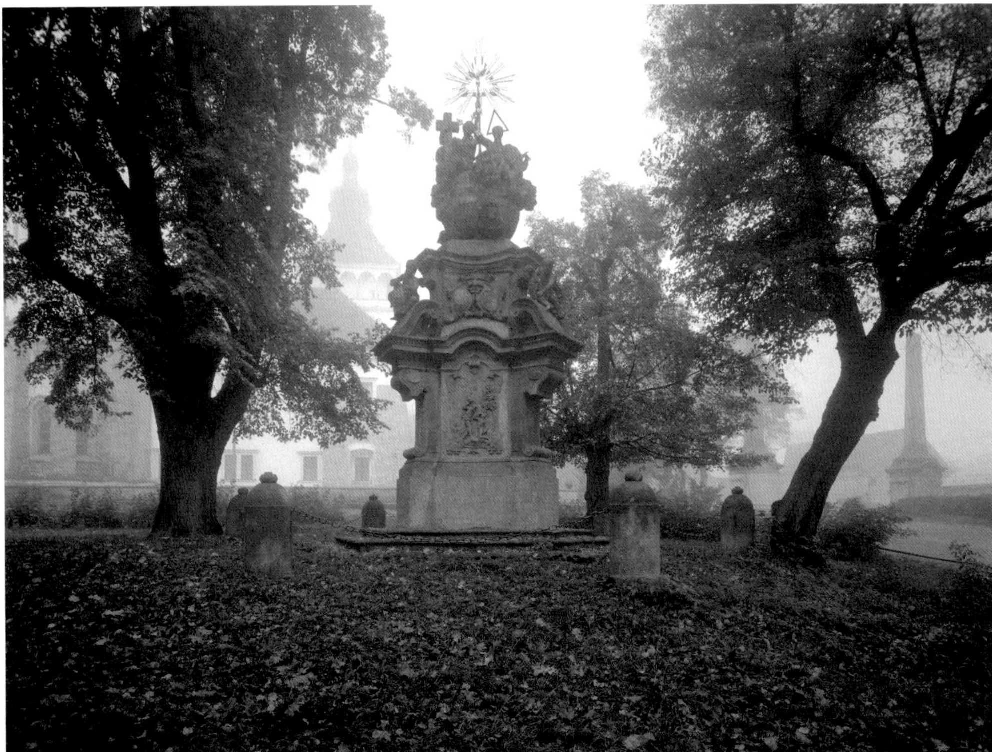

82 **Smečno** 2001

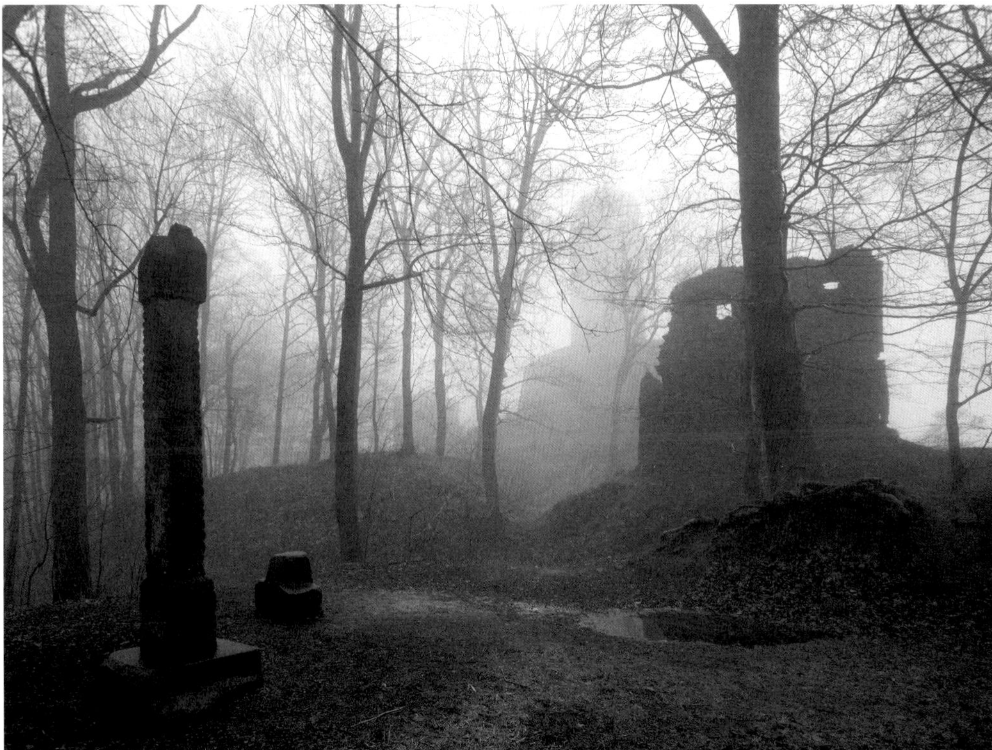

83 **Hasištejn** 2002

STILL LIFES / ZÁTIŠÍ, 2004–2008

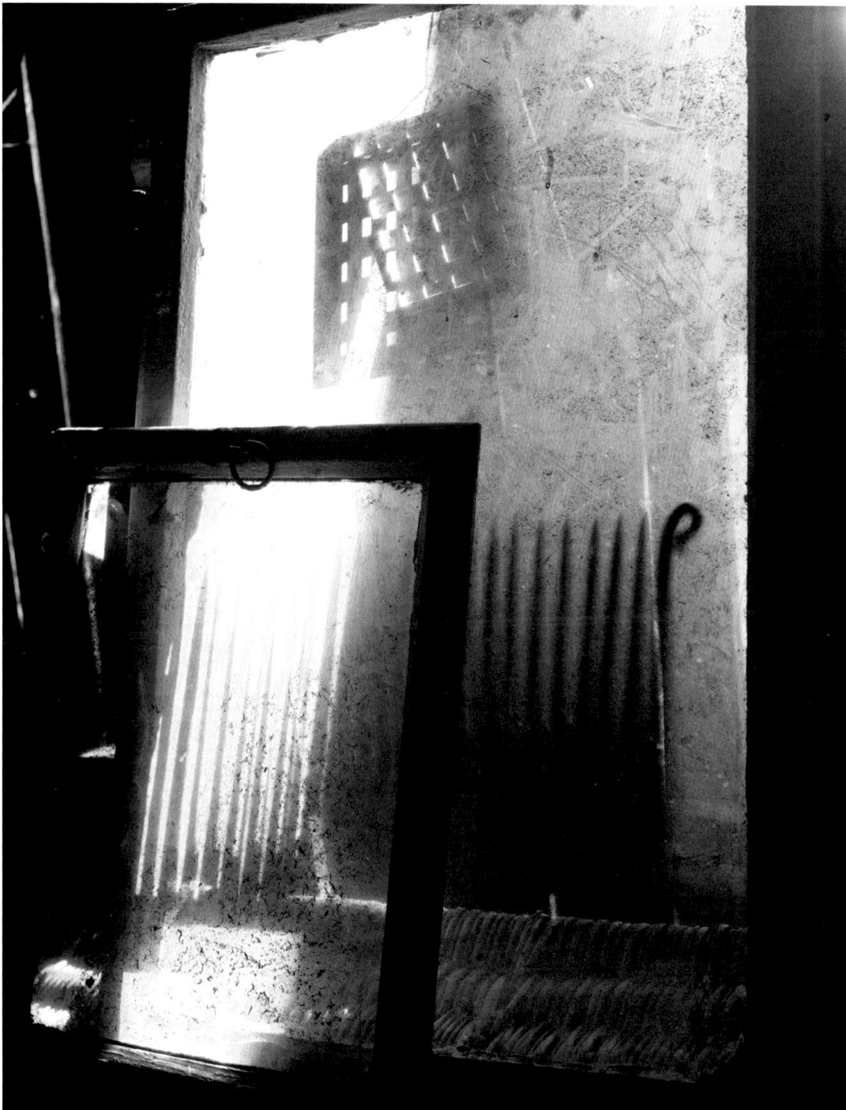

84 **Still Life / Zátiší** 2004

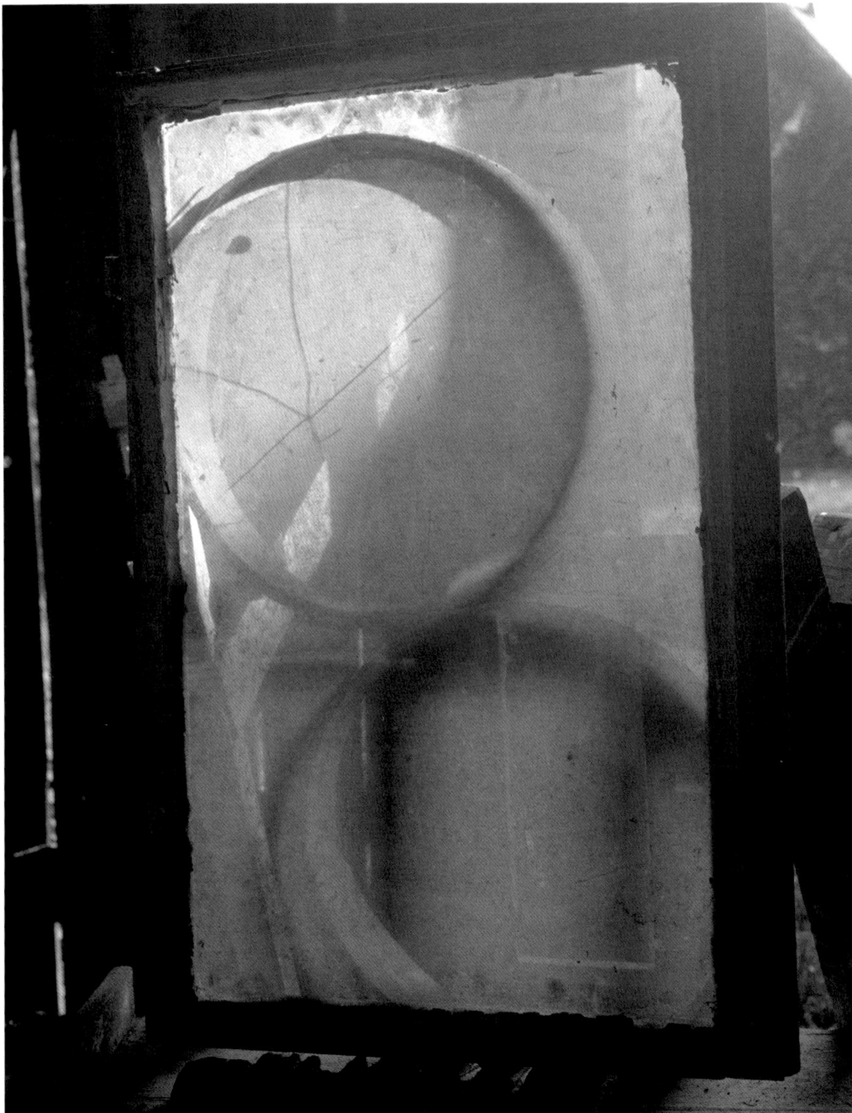

85 **Still Life / Zátiší** 2005

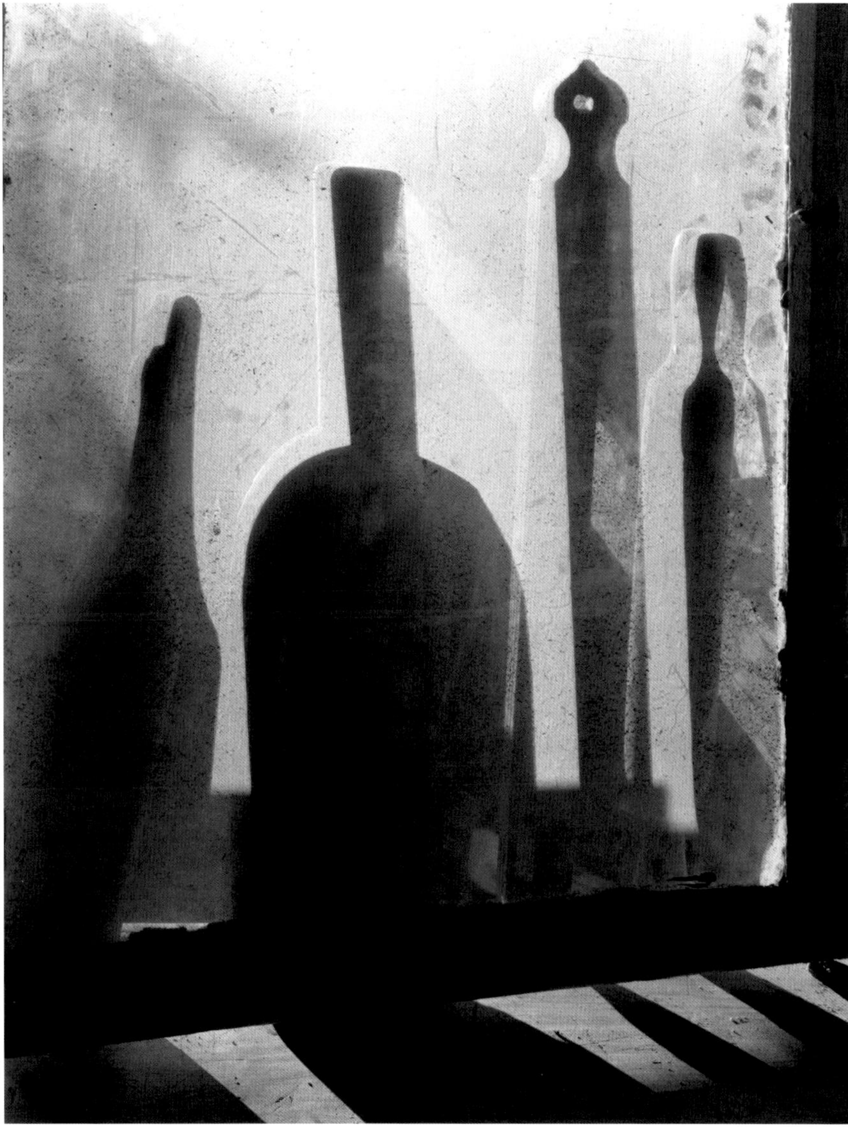

86 **Still Life / Zátiší** 2005

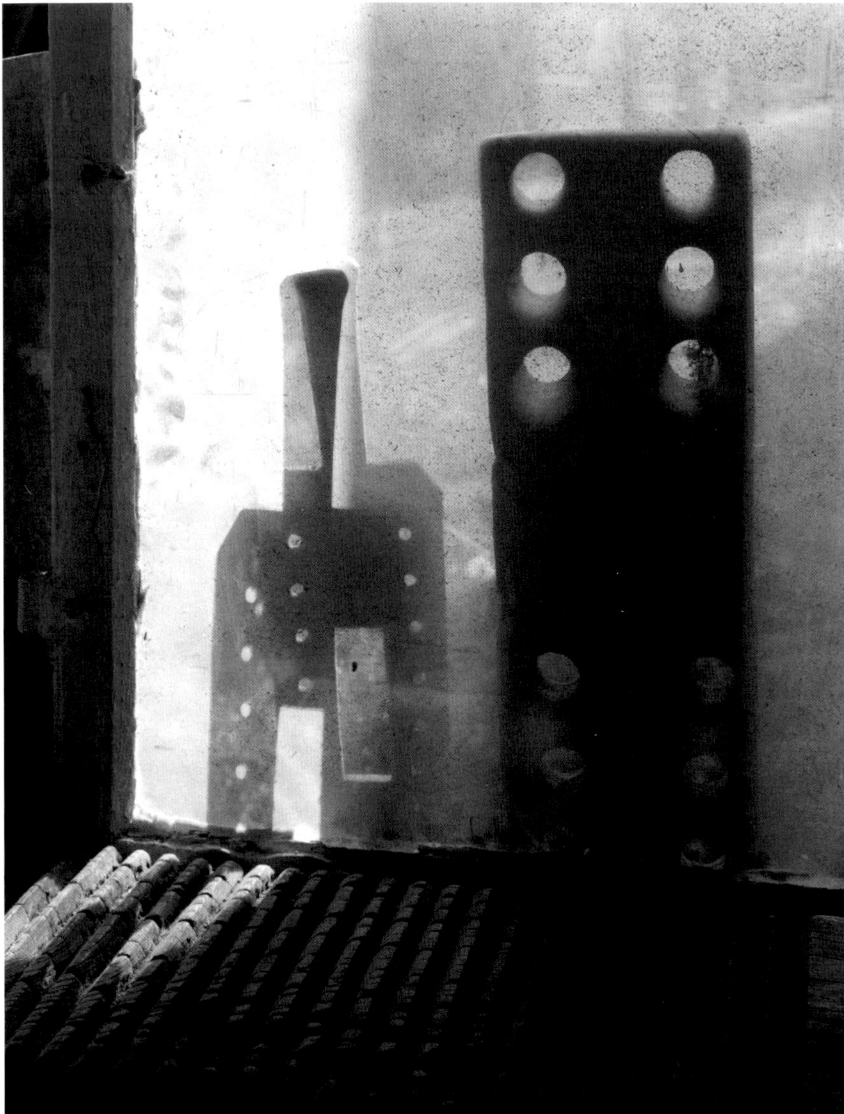

87 **Still Life / Zátiší** 2007

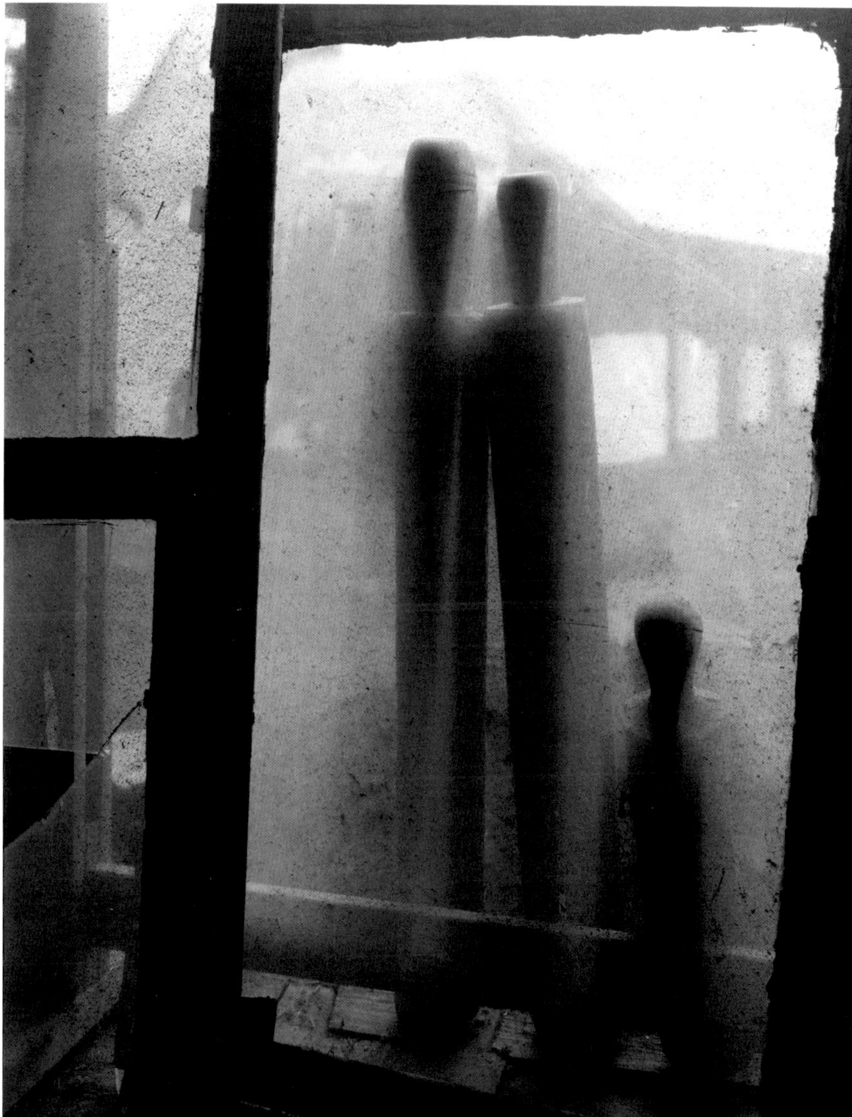

88 **Still Life / Zátiší** 2007

Biographical Chronology

1942 Born 21 May, Prague.
1959 Graduated from secondary school, Prague.
1959–60 Construction worker at Armabeton, Prague.
1961 Props man, Barrandov Film Studios, Prague.
1961–63 Did his compulsory military service.
1963–64 Photographer at the Fotografia co-op, Prague.
1964 Manual worker with the Evropa circus; traveled around Slovakia.
1965 Manual worker with the Kludský circus; traveled around Moravia.
1965–70 Studied art photography at the Film and Television School of the Academy of the Performing Arts (FAMU), Prague.
1969–70 Lived in Paris.
1970– Free-lance photographer; lives in Prague.

Životopisná data

1942 Narodil se 21. května v Praze.
1959 Maturuje na jedenáctileté střední škole v Praze.
1959–60 Zaměstnán jako stavební dělník v národním podniku Armabeton v Praze.
1961 Pracuje jako rekvizitář ve Filmovém studiu Barrandov.
1961–63 Absolvuje vojenskou službu.
1963–64 Pracuje jako fotograf ve Výrobním družstvu Fotografia Praha.
1964 Je dělníkem v cirkusu Evropa. Cestuje po Slovensku.
1965 Je dělníkem v cirkusu Kludský. Cestuje po Moravě.
1965–70 Studuje na FAMU v Praze obor výtvarná fotografie.
1969–70 Pobývá v Paříži.
od 1970 Působí jako fotograf ve svobodném povolání.

Solo Exhibitions / Samostatné výstavy

1971 *Fotografie z města Paříže*, Činoherní klub, Praha
1972 *Fotografie z let 1965–1971*, Malá galerie Čs. spisovatele, Praha
1977 *Periferie*, Divadlo v Nerudovce, Praha
1977 *Fotografie 1963–1976*, Malá výstavní síň, Liberec
1981 *Fotografie 1964–1980*, Staroměstská radnice, Praha
1990 *Fotografie. Jan Reich*, Čs. spořitelna, Kladno
1991 *Čechy – Krajina*, Galerie Malý Platýz, Praha
1992 *Mizející Praha*, Středočeské muzeum, Roztoky u Prahy

1994 *Jan Reich*, Malá výstavní síň, Liberec
1994 *Jan Reich. Fotografie*, Galerie ve věži, Mělník
1995 *Dvě města*, Francouzský institut, Praha
1995 *Jan Reich – fotografie*, Dům umění, Opava
1996 *Jan Reich, Prag*, Fotogalerie Kulturamt Friedrichshain-Kreuzberg, Berlin
1998 *Amerika*, Malá výstavní síň, Liberec
1999 *Praha*, Galerie fotografii, Poznań
2000 *Praha*, Galerie Awangarda, Wrócław
2000 *Jan Reich – fotografie*, Galerie Archa, Budyně nad Ohří
2000 *Jan Reich – fotografia*, Galerie Pusta, Katowice
2000 *Prague*, Czech Center, New York
2000 *Čechy a Praha*, Czeskie centrum, Warszawa
2000 *Čechy a Praha*, České centrum, Sofia
2000 *Paris 1969–70*, Centre Tchéque, Paris
2000 *Čechy a Praha*, Dům umělců, Kyjev
2001 *Dům v krajině*, Pražský dům fotografie, Praha
2001 *Praha*, Dům Černohlavých, Riga
2001 *Čechy a Praha*, Cseh centrum, Budapest
2001 *Schwindendes Prag*, Tschechisches Zentrum, Berlin
2001 *Vltava a Praha*, Galerie Nový Svět, Praha
2002 *Fotographien aus Prag*, Galerie Bohemica, Hannover
2002 *Čechy a Praha*, Czech Centre, Dublin
2002 *Praha*, České zastupitelství, Abidjan
2003 *Čechy a Praha*, České centrum, Athens
2003 *Praha*, České centrum, Bucureşti
2003 *Čechy a Praha*, Czech Centre, Ottawa
2003 *Čechy a Praha*, Rada Evropy, Strassbourg
2003 *Jan Reich*, Technische Sammlungen, Dresden
2003 *Paříž*, Galerie Louvre, Praha
2004 *Praga*, Palacio de los Pimentel, Valladolid
2004 *Praga*, Casa de Cultura Manuel Alvar, Chinchón
2004 *Praga*, Casa de Cultura, El Escorial
2004 *Praga*, Centro Cultural Aguirre, Cuenca
2004 *Praga*, Centro Cultural, Marbella
2004 *Photographs. Jan Reich*, Galerie Mathieu, Lyon
2004 *Mizející Praha*, Galerie Modrý hrozen, Litvínov
2004 *Dům v krajině*, Galerie 4, Cheb
2006 *Bohemia*, FIAP Jean Monnet, Paris
2006 *Bohemia*, Università di Pisa, Pisa
2007 *Bohemia*, České centrum, Tokio
2007 *Jan Reich*, Galerie Place M, Tokio
2007 *Bohemia*, Tschechisches Zentrum, Berlin

2007 *Bohemia*, Stadhuis, Wijk bij Duurstede
2007 *Mizející Praha*, Muzeum hlavního města Prahy, Praha
2008 *Jan Reich. Krajiny a zátiší*, Galerie FONS, Pardubice
2008 *Ein haus auf dem Land*, Galerie auf der Pawlatsche, Wien
2008 *Bohemia*, Cité du Livre, Aix-en-Provence
2008 *Bohemia*, Lavatoio Contumaciale, Roma
2008 *Dům v krajině*, Městské muzeum Sedlčany, Sedlčany

Group Exhibitions / Skupinové výstavy

1966 *Foto Student*, Fotochema, Praha
1967 *Foto Student*, Fotochema, Praha
1968 *Fotografie*, Galerie A 18, West Berlin
1969 *Fotografie*, Moravská galerie, Brno
1969 *Fotografie*, Výstavní síň Fronta, Praha
1971 *Fotografie*, Dům pánů z Kunštátu, Brno
1972 *Mladí výtvarníci*, Galerie J. Fragnera, Praha
1974 *Czechoslovakian Photography*, Columbia College Photographic Gallery, Chicago
1974 *Československá fotografie 1971–72*, Moravská galerie, Brno
1977 *Soudobá výtvarná fotografie*, Galerie J. Fragnera, Praha
1979 *Fotografie do interiéru*, Síň umění knihy, Praha
1980 *Prodejní výstava*, Galerie Centrum, Praha
1981 *Fotografie 81*, Galerie Na Újezdě, Praha
1982 *Aktuální fotografie*, Moravská galerie, Brno
1983 *Czech Piece*, Kunsthandel Van Der Have, Amsterdam
1984 *Česká výtvarná fotografie*, Galerie D, Praha
1984 *Arles 83*, Fotochema, Praha
1984 *Aspects of Czechoslovak Photography*, Thackrey & Robertson, San Francisco
1985 *Česká fotografie*, Nichietsu Shoji, Tokio
1985 *Ursprung und Gegenwart tschechoslowakischer Fotografie*, Fotografie Forum, Frankfurt am Main
1985 *Fotografie absolventů FAMU*, Dům pánů z Kunštátu, Brno
1986 *100 let českého užitého umění III*, Výstavní síň Emauzy, Praha
1987 *Fotografie absolventů FAMU*, Uměleckoprůmyslové museum, Praha
1987 *Město*, Dům umění města Brna, Brno
1987 *Město*, Oblastní galerie výtvarného umění, Roudnice nad Labem
1988 *Město*, Galerie 4, Cheb
1988 *Krajina & Krajina*, Fotochema, Praha
1989 *Proměny čs. dokumentární fotografie*, Galerie 4, Cheb
1989 *Cesty československé fotografie*, Dům u Kamenného zvonu, Galerie hlavního města Prahy, Praha
1989 *Československá fotografie 1945–1989*, Valdštejnská jízdárna, Národní galerie, Praha
1989 *Výtvarní umělci ve fotografii*, Anežský klášter, Národní galerie, Praha

1989 *37 fotografů na Chmelnici*, Junior klub Chmelnice, Praha
1989 *Literatura a fotografie*, Památník národního písemnictví, Praha
1990 *FotoFest*, George R. Brown Convention Center, Houston
1990 *Praag*, Vrije Academie, Den Haag
1990 *La Tchécoslovaquie à Arles*, Recontres internationales de la photographie d'Arles
1990 *Contemporary Czechoslovak Photographers*, Jacques Baruch Gallery, Chicago
1991 *Fotografie*, Lobkovický palác, Národní muzeum, Praha
1991 *L'été de la photographie*, Hôtel de ville, Laon
1992 *What's New: Prague*, The Art Institute of Chicago, Chicago
1992 *Tapisseries de Prague*, Halle au Blé, Saint-Malo
1993 *Spolek Pohodlí*, zámek, Mnichovo Hradiště
1994 *Trois Regards*, Vidéothèque de Paris, Paris
1994 *Kontakty*, galerie, Jelenia Góra, Poznań, Katowice
1994 *Česká fotografie 1989–1994*, Výstavní síň Mánes, Praha
1995 *Fuyant Prague*, Hôtel de ville, Dijon
1996 *Prague II: photographes tchèques*, Centre Georges Pompidou, Paris
1996 *Zátiší*, Národní technické muzeum, Praha
1998 *Kontakty*, Galeria Pusta, Katowice (putovní výstava po Polsku)
1998 *Malá Strana*, Obecní galerie Beseda, Praha
1998 *Leica Magic Moments*, Galerie Ambit, Praha
1998 *Osobnosti fotografie*, galerie, Benešov
1998 *Praha*, Český dům, København
1998 *Praha Bamberk*, Bamberger Stadtarchiv, Bamberg
1998 *Praha Bamberk*, Obecní galerie Beseda, Praha
1999 *Česká fotografie 90. let*, Chicago Cultural Center, Chicago
1999 *Portrét*, Obecní galerie Beseda, Praha
1999 *Ze dvorka a za humny*, Galerie Bayer & Bayer, Praha
2000 *Střední formát*, Dům fotografie Josefa Sudka, Praha
2000 *Lumières de Prague*, Galerie Beckel-Odille-Boïcos, Paris
2000 *Kontakty*, Stara Galeria, Warszawa
2000 *Cirkus*, Filmový festival, Uherské Hradiště
2001 *Tvář naší země – Krajina domova*, Tereziánské křídlo Pražského hradu, Praha
2001 *Český dřevák*, Galerie 4, Cheb
2001 *Pohodlí a hosté*, zámek, Staré Hrady
2002 *Česká a slovenská fotografie osmdesátých a devadesátých let 20. století*, Muzeum umění, Olomouc
2002 *Les passants de Prague*, Jardin des Tuileries, Paris
2002 *Kontakty*, Novoměstská radnice, Praha
2002 *Czech Documentary Photography*, Leica Gallery, New York
2002 *Český dřevák*, Malá výstavní síň, Liberec
2003 *Skupina 42 – II*, Galerie Nový Svět, Praha
2003 *Individuality v dokumentu*, Galerie Fronta, Praha
2003 *Český dřevák*, Jihomoravské muzeum, Znojmo

2003 *De Paris*, Galeria Korytarz RCK, Jelenia Góra
2003 *Sguardi praghesi*, Grotte del Boldini, Ferrara
2004 *Český dřevák*, Česká spořitelna, Kladno
2004 *Portrét české společnosti na prahu Evropy*, Staroměstská radnice, Praha
2005 *Český dřevák*, galerie, Česká Lípa
2005 *Reflexe*, Galerie Václava Špály, Praha
2006 *Český dřevák*, Galerie 4, Cheb
2006 *Český dřevák*, zámek, Vranov nad Dyjí
2006 *Český dřevák*, Alšova Jihočeská galerie, České Budějovice
2006 *K. H. Mácha*, Galerie Vyšehrad, Praha
2006 *Jan Reich / Bohemia, Jindřich Štreit / Moravia*, Evropská komise Berlaymont, Bruxelles
2007 *Leidenschaft Großformat*, Galerie auf der Pawlatsche, Wien
2007 *Dwie Tradycje*, Galeria Pusta, Katowice
2007 *Fotografie 70. let*, Galerie Klenová, Klenová
2008 *Venkovská krajina a člověk*, hotel Monty, Mariánské Lázně
2008 *Mezinárodní trienále současného umění*, Veletržní palác, Národní galerie, Praha

Represented in Galleries / Zastoupení ve sbírkách

Centre Georges Pompidou, Paris
Moravská galerie, Brno
Museet for Fotokunst, Odense
Muzeum hlavního města Prahy, Praha
Foundation Tichý oceán, Zürich
The University of Texas, Austin
The Museum of Fine Arts, Houston
Uměleckoprůmyslové museum, Praha

Bibliography / Literatura

Books / Knihy

Reich, Jan: *Chodsko*, text Jan Šmíd, Praha, ČTK–Pressfoto 1982.
Reich, Jan: *Krušnohoří*, text Otakar Mohyla, Praha, ČTK–Pressfoto 1983.
Řezáč, Jan: *Pražská zastavení*, foto Alexandr Paul, Ivan Doležal, Jan Reich & Oldřich Karásek, ČTK–Pressfoto, Praha 1985.
Dufek, Antonín: *Černobílá fotografie*, Praha, Odeon 1987.
Reich, Jan: *Posázaví*, text Otakar Mohyla, Praha, ČTK–Pressfoto 1988.
Reich, Jan: *Praha Malá Strana*, text Mojmír Horyna, Praha, Petit 1992 (též německy, anglicky a španělsky).
Reich, Jan: *Praha*, text Bohumil Hrabal, Praha, Petit & Public History 1993.

Jan Reich, text Pavel Bílek, České Budějovice, Foto Mida 1996.
Bílek, Pavel: *Osobnost a dílo Jana Reicha*, závěrečná teoretická práce magisterského studia, Praha, FAMU 1997.
Birgus, Vladimír & Scheufler, Pavel: *Fotografie v Českých zemích 1839–1999*, Praha, Grada Publishing 1999.
Reich, Jan: *Mizející Praha*, text Josef Kroutvor, Praha, Gallery 2000.
Reich, Jan: *Vltava a Praha*, text Milan Kundera, Praha, Petit & Public History 2001.
Rubeš, Jan: *Les passants de Prague*, La Tour d'Aigues, Éditions de l'Aube 2002.
Reich, Jan: *Tichá Praha*, text Bohumil Hrabal, Taipei, B. p. C 2003 (čínské vydání knihy *Praha*).
MacDonagh-Pajerová, Monika: *Portrét české společnosti na prahu Evropy*, Brno, Petrov 2004.
Reich, Jan: *Bohemia*, text Jan Rubeš, Praha, Galerie Nový Svět 2005. Hlavní cena Magnesia Litera 2006 – Kniha roku 2005.
Hodrová, Daniela: *Visioni di Praga*, Udine, Forum 2005 – Editrice Universitaria Udinese 2005.
Reich, Jan: *Dům v krajině*, text Jan Rubeš, Praha, Galerie Nový Svět 2007.
Hess, Ludvík: *Divoké víno, Antologie 1964 / 2007*, Praha, Slovart 2007.

Exhibition Catalogues / Katalogy výstav

Dufek, Antonín: *Československá fotografie 1968 / 1970*, Brno, Dům umění města Brna 1971.
Dufek, Antonín: *Československá fotografie 1971–72*, Brno, Dům umění města Brna 1973.
Kostka, Zdeněk: *Soudobá výtvarná fotografie*, Praha, Galerie Jaroslava Fragnera 1977.
Rous, Jan: *Jan Reich. Fotografie 1964–80*, Praha, Staroměstská radnice, Galerie hlavního města Prahy 1981.
Dufek, Antonín: *Aktuální fotografie*, Brno, Moravská galerie v Brně 1982.
Album, č. 3, Frankfurt am Main, Eine Publikation des Fotografie Forum Frankfurt 1985.
Birgus, Vladimír: *Fotografie absolventů FAMU*, Praha, Uměleckoprůmyslové museum 1987.
Dufek, Antonín: *Město*, Brno, Dům umění města Brna 1987.
Mrázková, Daniela & Remeš, Vladimír: *Cesty československé fotografie*, Praha, Mladá fronta 1989.
Mrázková, Daniela: *Co je fotografie*, Praha, Videopress 1989.
Fárová, Anna: *37 fotografů na Chmelnici*, Praha, OKD Praha 3 1989.
Westerbeck, Colin: *What's New: Prague*, Chicago, The Art Institute of Chicago 1992.
Masuda, Yukihiro: *Praha – Reflect on the 20th Century*, Tokio, Parco Japan 1993.
Kirschner, Zdeněk: *Česká fotografie 1989–1994*, Praha, pro Asociaci fotografů vydavatelství Kuklik 1994.
Forbes, F. Murray: *Czech and Slovak Photography*, Boston, The Navigator Foundation of Boston 1994.
Šmok, Ján: *Zátiší*, Praha, Národní technické muzeum, pro Asociaci fotografů vydavatelství Kuklik 1996.
Kroutvor, Josef: *Dvě města*, Praha, Francouzský institut 1995.
Reichová, Jana: *Jan Reich*, Brno, Dům umění města Brna 1996.
Praha Bamberk, Bamberg, Erich Weiss Verlag 1998.

Vojtěchovský, Miroslav & Birgus, Vladimír: *Česká fotografie 90. let*, Praha, Kant 1998.
Sobota, Adam: *Kontakty*, Katowice, Górnośląskie Centrum Kultury 2000.
Kříž, Jan: *Český dřevák*, Galerie 4, Cheb, 2001.
Lubowicz, Elzbieta: *Jan Reich. Fotografia*, Katowice, Galeria Pusta 2000.
Rišlinková, Helena & Lendelová, Lucia & Pospěch, Tomáš: *Česká a slovenská fotografie osmdesátých a devadesátých let 20. století*, Olomouc, Muzeum umění Olomouc 2002.
Birgus, Vladimír & Mlčoch, Jan: *Česká fotografie 20. století*, Praha, Kant ve spolupráci s Uměleckoprůmyslovým museem Praha 2005.
Łubowicz, Elżbieta: *Dwie Tradycje*, Katowice, Górnośląskie Centrum Kultury 2007.
Musilová, Helena: *Reflexe. Fotografie absolventů FAMU z let 1964–2004*, Praha, katedra fotografie FAMU 2005.

Film and Radio / Film a rozhlas

Reich. Portrét fotografa, dokumentární film Štěpána Kačírka, Praha, Studio FAMU 1995.
Tajemná krajina Čech očima fotografa Jana Reicha, rozhlasový pořad Karla Oujezdského s Janem Reichem, Praha, Český rozhlas 3 2005.
Dům v krajině, rozhlasový pořad Karla Oujezdského s Janem a Janou Reichovými, Praha, Český rozhlas 3 2007.

Articles / Články

Rous, Jan: Fotografická zátiší Jana Reicha aneb chvála vidění, *Revue Fotografie* 76, 20, č. 3, s. 45–48.
Balajka, Petr: Jan Reich, *Revue Fotografie* 87, 31, č. 4, s. 60–65.
Rous, Jan & Strouhal, Josef: Krajina jako kulturní fenomén – Jan Reich, *Fotografie*, 1991, č. 12, s. 15–20.
Klapalová, Martina: Emigrace jako tramvaj, *Noviny*, 1992, 28. 3., s. 10.
Podulková, Elena: S fotografem Janem Reichem o mizející Praze a duši starých věcí, *Respekt*, 1994, č. 33, s. 1 a 10.
Reichová, Jana: Historie a pověsti Sedlčanska, *Labyrint*, 1995, č. 2, s. 26–27.
Chuchma, Josef: Jan Reich zaznamenal svět, který už neexistuje, *Magazín MF Dnes*, 1995, č. 4, s. 24–25.
Feřtek, Tomáš: Krajina, *Reflex*, 1995, č. 11, s. 22–25.
Pecák, Josef: Česká krajina – Jan Reich, *Fotografie Magazín*, 1996, č. 3, s. 23–27.
Mrázková, Daniela: Jan Reich, *Photographers International*, 1996, s. 62–69.
Vanča, Jaroslav: Nostalgie ve fotografiích Jana Reicha, *Denní Telegraf*, 1997, 3. 7., s. 12.
Chuchma, Josef: Reich může být s monografií spokojen jen částečně, *MF Dnes*, 1997, 28. 5., s. 19.
Moucha, Josef: Jan Reich: Dům v krajině, *Ateliér*, 14, 2001, č. 6, 2001, s. 6.
Chuchma, Josef: Tichý vzdor Jana Reicha, *Respekt*, 2001, č. 7, 12.–18. 2., s. 22.
Vitvar Jan H.: Reich touží zůstat v odešlých časech, *MF Dnes*, 2001, 26. 2., s. 20.
Chuchma, Josef: Když Vltava je vlídně lhostejná, *Respekt*, 2002, č. 34, 19.–25. 8., s. 22.
redakce: Vltava a Praha Jana Reicha, *Fotografie magazín*, 2002, č. 2, s. 14.

Moucha, Josef: Pařížská nostalgie 60. let – Jan Reich, *Mix*, léto 2002, s. 40–43.
Třešňák, Petr: Česká krása, *Respekt*, 2005, č. 46, s. 21.
Chuchma, Josef: Země česká, domov můj, *MF Dnes*, 2005, 17. 12., s. F2.
Wanatowiczová, Krystyna: Černobílá láska k vlasti, *Týden*, 2006, č. 4, s. 36–40.
Bubeníček, Petr: Hledám barokního člověka, *DIGIfoto*, 2006, č. 8, s. 34–39.
Pech, Vladimír: Bohemia Jana Reicha, *PhotoArt*, 2006, č. 3, s. 73.
Třešňák, Petr: Kamenitá cesta Jana Reicha, *Respekt*, 2007, č. 49, s. 50–51.
Chuchma, Josef: Staré dobré řemeslo, *DIGIfoto*, 2006, č. 2, s. 84.
Horáčková, Alice: Autorem Knihy roku je fotograf, *MF Dnes*, 2006, 25. 4., s. C7.
Cinger, František: Chtěl jsem zachytit původní charakter krajiny, *Právo*, 2006, 26. 4., s. 20.
Horák, Ondřej: Hledal jsem historii, *Lidové noviny*, 2006, 26. 4., s. 18.
Vanča, Jaroslav: Čechy Reichem fotografované, *Ateliér*, 2007, č. 1, s. 13.
Masuda, Yukihiro: Japonská cesta Jana Reicha, *Elánplus*, 2007, č. 2, s. 16–17.
Suzuki, Kaika: Art Scope, *Art Top*, 2007, č. 218, s. 104–105.
Rakušanová, Lída: Černobílý svět fotografa Jana Reicha, *Deník*, 2007, 21. 7., s. 25–26.
Pitnick, Richard: Photography in Prague, *Black & White Magazine*, 2007, č. 49, s. 32–33.
Moucha, Josef: Dům v krajině, *Ateliér*, 21, 2008, č. 12, s. 2.

List of Published Photographs

p. 2 photo Tomáš Rasl, 2000

Beginnings, Prague, 1958–59

1 Ferry Dock, Podbaba, 1958
2 Tram Terminus, Podbaba, 1958
3 Platýz, 1959
4 Czechoslovak Pavilion from Expo 58, 1959
5 Melantrichova ulice, 1959
6 Na Františku, 1958
7 Embankment, Lesser Town, 1958

Circus, 1964–65

8 Honza, the Circus Hand, 1965
9 Franta & Karel, 1965
10 Contortionist and Clown, 1964
11 Marie, 1965
12 Mr. Gabriel, the Bear-keeper, 1965
13 Renata, 1965
14 Eva with Wolfhounds, 1965
15 Berta in the Stable, 1965
16 Josef, the Stableboy, 1965

Paris, 1969–70

17 Avenue d'Iéna, 1970
18 Policeman, Boulevard de la Chapelle, 1970
19 Le Buci, 1969
20 Jeu de Paume, 1970
21 Pont de Bir-Hakeim, 1970
22 12th Arrondissement, 1970
23 The 21 Bus, 1969
24 Market in Rue Mouffetard, 1970
25 Market in Rue Mouffetard, 1970
26 Pétanque Player, Place de la Nation, 1970
27 Pétanque, Place de la Nation, 1970
28 Les Tuileries, 1970
29 Pasteur Station, Métro, 1969

Vanishing Prague, 1974–79

30 By the Jirásek Bridge, 1979
31 By the Palacký Bridge, 1977
32 By the Railway Bridge, 1978
33 The 23 Tram, 1974
34 Holešovice Docks, 1974
35 Smíchov Station, Prague, 1978
36 In the Imperial Meadow, 1979
37 Ulice Na Maninách, Holešovice, 1979
38 By the Holešovice Heating Plant, 1978
39 Křesomyslova ulice, Nusle, 1976
40 Ulice Svornosti, Smíchov, 1979
41 Ulice Varholíkova, Holešovice, 1978
42 Ulice Švábky, Holešovice, 1976

A House in the Country
Interiors, 1975–78 / Pubs, 1978–82 / Countryside, 1980–90 / Family, 1982–92

43 A Room at the Pšeničkas', 1975
44 A Room in Huštilář, 1975
45 At the Jiráseks' in Libčice, 1975
46 The Hall in Myslkov, 1975
47 Stove in the Obděnice Pub, 1977
48 Corridor of the Obděnice Pub, 1975
49 The Fox, 1982
50 Sunday in Nechvalice, 1982
51 In the Nechvalice Pub during the Fair, 1982
52 Mr. Dvořák from Myslkov, 1978
53 Jesenice, 1983
54 The Road to Počepice, 1983
55 Obděnice in Winter, 1981
56 Dubová draha, 1983
57 Myslkov, 1983
58 The Village Green in Křemenice, 1986
59 Hrby, 1981
60 Trkov, 1984
61 Bread and Honey, 1984
62 Kačenka, 1988
63 Breakfast in Křemenice, 1987
64 Summer Supper, 1987
65 Jana, 1986

Prague, 1980–2000

66 Charles Bridge, 1986
67 The Royal Tennis Court, the Royal Garden, 1992
68 Gazebo, the Garden on the Ramparts, 1992
69 St. Vitus's Cathedral, from Jiřská ulice, 1992
70 By the Powder Bridge, 1986
71 Old Town Square, 1993
72 By the Rudolfinum, 2000
73 The Estates' Theater and the Carolinum, 1993
74 The Old Jewish Cemetery, 1992

Bohemia, 1994–2004

75 Kuks, 1995
76 Lemberk, 1995
77 Liběchov, 1995
78 Bezděz, 1996
79 Borotín, 1997
80 Homole, 2004
81 Krupka, 2002
82 Smečno, 2001
83 Hasištejn, 2002

Still Lifes, 2004–2008

84 Still Life, 2004
85 Still Life, 2005
86 Still Life, 2005
87 Still Life, 2007
88 Still Life, 2007

Soupis publikovaných fotografií

s. 2 foto Tomáš Rasl, 2000

Začátky, Praha, 1958–59

1 Podbaba – Převoz, 1958
2 Podbaba – Konečná tramvaje, 1958
3 Platýz, 1959
4 Bruselský pavilon, 1959
5 Melantrichova ulice, 1959
6 Na Františku, 1958
7 Malostranské nábřeží, 1958

Cirkus, 1964–65

8 Honza – pomocník v manéži, 1965
9 Franta a Karel, 1965
10 Klaun a hadí žena, 1964
11 Marie, 1965
12 Ošetřovatel medvědů pan Gabriel, 1965
13 Renata, 1965
14 Eva s chrty, 1965
15 Berta ve stáji, 1965
16 Josef od koní, 1965

Paříž, 1969–70

17 Avenue d'Iéna, 1970
18 Policista – Boulevard de la Chapelle, 1970
19 Le Buci, 1969
20 Most Bir-Hakeim, 1970
21 Jeu de Paume, 1970
22 Dvanáctý pařížský obvod, 1970
23 Autobus č. 21, 1969
24 Trh v ulici Mouffetard, 1970
25 Trh v ulici Mouffetard, 1970
26 Hráč pétanque na Place de la Nation, 1970
27 Hra pétanque na Place de la Nation, 1970
28 Les Tuileries, 1970
29 Metro – stanice Pasteur, 1969

Mizející Praha, 1974–79

30 U Jiráskova mostu, 1979
31 U Palackého mostu, 1977
32 U Železničního mostu, 1978
33 Tramvaj č. 23, 1974
34 Holešovický přístav, 1974
35 Nádraží Praha-Smíchov, 1978
36 Na Císařské louce, 1979
37 Holešovice – Na Maninách, 1979
38 U holešovické teplárny, 1978
39 Nusle – Křesomyslova ulice, 1976
40 Smíchov – ulice Svornosti, 1979
41 Holešovice – ulice Varholíkova, 1978
42 Holešovice – Švábky, 1976

Dům v krajině
Interiéry, 1975–78 / Hospody, 1978–82 / Krajina, 1980–90 / Rodina, 1982–92

43 Komora u Pšeničků, 1975
44 Světnice v Huštiláři, 1975
45 V Libčicích u Jirásků, 1975
46 Předsíň v Myslkově, 1975
47 Kamna v obděnické hospodě, 1977
48 Chodba obděnické hospody, 1975
49 Lišák, 1982
50 Neděle v Nechvalicích, 1982
51 O pouti v nechvalické hospodě, 1982
52 Pan Dvořák z Myslkova, 1978
53 Jesenice, 1983
54 Cesta do Počepic, 1983
55 Obděnice v zimě, 1981
56 Myslkov, 1983
57 Dubová draha, 1983
58 Náves v Křemenici, 1986
59 Hrby, 1981
60 Trkov, 1984
61 Chleba s medem, 1984
62 Kačenka, 1988
63 Snídaně v Křemenici, 1987
64 Letní večeře, 1987
65 Jana, 1986

Praha, 1980–2000

Bohemia, 1994–2004

Zátiší, 2004–2008

Jan Reich

by Petr Třešňák
Photograph selection by Jana Reichová
Biography and bibliography by Jana Reichová
Translation: Derek & Marzia Paton
Graphic concept: Studio Najbrt, Prague
Graphic design: Pavel Lev & Klára Hájková, Studio Najbrt
Lithography: Art D, Prague
Printed by Trico, Prague
Copy editors: Jan Šulc & Derek Paton
Published by TORST
Address: Opatovická 24, Prague 1
CZ-110 00, Czech Republic
foto@torst.cz
First edition, 2009

Also available through D. A. P./Distributed Art Publishers
155 Sixth Avenue, 2nd Floor, New York, N.Y. 10013, USA
Tel: ++1 (212) 627-1999 Fax: ++1 (212) 627-9484